সবুজ ন্যানোপ্রযুক্তি

রিপন কুমার দে

শৈলী প্রকাশনী

সবুজ ন্যানোপ্রযুক্তি

Copyright © 2025, Ripon Dey, All rights reserved!

No part of this publication may be reproduced, distributed, or transmitted in any form or by any means, including photocopying, recording, or other electronic or mechanical methods, without the prior written permission of the author, except in the case of brief quotations embodied in critical reviews and certain other non-commercial uses permitted by copyright law.

The scanning, uploading, and distribution of this book without permission is a theft of the author's intellectual property. If you would like to share this book with someone, please purchase an additional copy for each recipient. If you are reading this book and did not purchase it or it was not purchased for your use only, then please return to your favorite book retailer and purchase your copy. Thank you for respecting the hard work of this author.

ISBN: 978-1-7382691-7-4
Printed by ISK
Cover Design: MS Copilot
First Edition: 2025
Printed in support of ISK
Publisher: Shoily Prokashoni

সবুজ ন্যানোপ্রযুক্তি

উৎসর্গ

প্রণয় সাহা
(একজন সাদা মনের মানুষ)

সবুজ ন্যানোপ্রযুক্তি

রিপন দে.

সবুজ ন্যানোপ্রযুক্তি: পরিচিতি

বিগত কয়েক দশকে প্রযুক্তির অগ্রগতির ফলে পৃথিবীজুড়ে পরিবেশগত সমস্যাগুলোর বৃদ্ধি পেয়েছে। এই সমস্যাগুলির মধ্যে বিশেষ করে জলবায়ু পরিবর্তন, বায়ুদূষণ, শক্তির অপচয়, এবং প্রাকৃতিক সম্পদের অতিরিক্ত ব্যবহার গুরুত্বপূর্ণ ভূমিকা পালন করছে। এই সংকটগুলির মোকাবিলা করতে বিশ্ববাসী নতুন নতুন প্রযুক্তি আবিষ্কার করছে, যার মধ্যে অন্যতম একটা শাখা হলো **ন্যানোপ্রযুক্তি।**

সবুজ ন্যানোপ্রযুক্তি ন্যানোপ্রযুক্তিরই একটি শাখা, যা পরিবেশবান্ধব এবং টেকসই সমাধান প্রদান করতে সক্ষম। এর মূল লক্ষ্য হলো পরিবেশবান্ধব উদ্ভাবন এবং উন্নত প্রযুক্তির মাধ্যমে মানবজাতির চাহিদা পূরণ করা। এর মাধ্যমে পানি পরিশোধন, বায়ু পরিশোধন, শক্তি উৎপাদন এবং বর্জ্য ব্যবস্থাপনা প্রভৃতি ক্ষেত্রে নতুন দৃষ্টিভঙ্গি এবং পদ্ধতি উদ্ভাবন করা সম্ভব হয়েছে। ন্যানোস্কেল প্রযুক্তি মানবজাতির চাহিদা পূরণের পাশাপাশি পরিবেশের উপর তার বিরূপ প্রভাব কমাতে সাহায্য করছে।

সবুজ ন্যানোপ্রযুক্তি যেমন শক্তির দক্ষতা বৃদ্ধি করতে পারে, তেমনি এটি জীববৈচিত্র্য রক্ষা এবং জলবায়ু পরিবর্তন মোকাবিলায় সহায়ক হচ্ছে। উদাহরণস্বরূপ, ন্যানোফিল্টার ব্যবহার করে পানির দূষণ কমানো, ন্যানোমেটারিয়াল ব্যবহার করে সৌরশক্তি উৎপাদন বৃদ্ধি, এবং বায়ুর গুণমান উন্নত করতে সক্ষম প্রযুক্তি সমূহ এর আওতাধীন। এর পাশাপাশি, খাদ্য নিরাপত্তা, কৃষি উৎপাদন, এবং স্বাস্থ্যসেবা ক্ষেত্রেও সবুজ ন্যানোপ্রযুক্তির ব্যাপক সম্ভাবনা রয়েছে।

সবুজ ন্যানোপ্রযুক্তির ব্যবহার কেবলমাত্র প্রযুক্তিগত দৃষ্টিকোণ থেকে নয়, এটি মানবিক, অর্থনৈতিক এবং সামাজিক দৃষ্টিকোণ থেকেও একটি গুরুত্বপূর্ণ বিষয় হয়ে উঠছে। এই প্রযুক্তি আমাদের ভবিষ্যতের পৃথিবীকে আরো বাসযোগ্য ও সবুজ করতে বিশেষ ভূমিকা পালন করবে, যা বৈশ্বিক পরিবেশগত সংকট মোকাবিলায় অত্যন্ত গুরুত্বপূর্ণ।

সবুজ ন্যানোপ্রযুক্তি

এই বইয়ে, আমরা সবুজ ন্যানোপ্রযুক্তির বিভিন্ন দিক এবং তার সম্ভাব্য ব্যবহার সম্পর্কে বিস্তারিত আলোচনা করব, যাতে আমরা এর মাধ্যমে পরিবেশ রক্ষা এবং টেকসই উন্নয়ন অর্জনে কীভাবে এগিয়ে যেতে পারি, তা বুঝতে সক্ষম হই।

রিপন কুমার দে,
ব্রিটিশ কলম্বিয়া, কানাডা

বইয়ের পরিচিতি:

আজকের পৃথিবী এক চরম পরিবেশগত সঙ্কটের মুখোমুখি। জলবায়ু পরিবর্তন, বায়ু ও পানি দূষণ, বনভূমি নিধন এবং প্রাকৃতিক সম্পদের অতিব্যবহার আমাদের পৃথিবীকে একটি বিপদের দিকে নিয়ে যাচ্ছে। এসব সমস্যার সমাধানে বৈজ্ঞানিক দৃষ্টিকোণ থেকে নানা ধরনের প্রযুক্তি উন্নত করা হয়েছে, তবে সবুজ ন্যানোপ্রযুক্তি একটি গুরুত্বপূর্ণ পদক্ষেপ হিসেবে সামনে এসেছে। সবুজ ন্যানোপ্রযুক্তি কেবল প্রযুক্তির আধুনিকতার প্রতীক নয়, এটি আমাদের পরিবেশ, অর্থনীতি এবং সমাজের জন্য একটি বিপ্লবী সমাধান।

এই বইটি ন্যানোপ্রযুক্তির গুণাবলি, তার প্রয়োগ এবং সম্ভাবনাগুলি নিয়ে আলোচনা করছে। এখানে আমরা জানতে পারব, কীভাবে ন্যানোপ্রযুক্তি পরিবেশের উপকারে আসতে পারে এবং কীভাবে এটি পৃথিবীর সংকটগুলো মোকাবিলায় সাহায্য করতে পারে। বইটির প্রতিটি অধ্যায়-এ পরিবেশ রক্ষায় সবুজ ন্যানোপ্রযুক্তির ভূমিকা, শক্তি উৎপাদন, পানি পরিশোধন, বর্জ্য ব্যবস্থাপনা এবং কৃষি সেক্টরে এর ব্যবহার নিয়ে আলোচনা করা হবে।

সবুজ ন্যানোপ্রযুক্তির সাহায্যে যেমন নবায়নযোগ্য শক্তির উৎস তৈরি করা সম্ভব, তেমনি এটি পরিবেশের প্রতি আমাদের দায়বদ্ধতা বাড়ানোর একটি কার্যকরী উপায়।

আজকের সময়ে, যখন পৃথিবী নানা সংকটে জর্জরিত, তখন সবুজ ন্যানোপ্রযুক্তির সম্ভাবনা আমাদের জন্য একটি আশার আলো। এই বইটি পাঠককে পরিবেশ রক্ষার জন্য একটি নতুন দৃষ্টিকোণ এবং এক অনুপ্রেরণা দিতে সক্ষম হবে।

সবুজ ন্যানোপ্রযুক্তি

সূচিপত্র

সবুজ ন্যানোপ্রযুক্তি: একটি পরিচিতি 6

বইয়ের পরিচিতি: 8

    সূচিপত্র 9

ভূমিকা: সবুজ ন্যানোপ্রযুক্তি ও টেকসই ভবিষ্যতের পথে যাত্রা 20

প্রথম অধ্যায়: সবুজ ন্যানোপ্রযুক্তির সংজ্ঞা ও ভিত্তি 22

    ১.১ ন্যানোপ্রযুক্তির পরিচিতি 22

    ১.২ সবুজ ন্যানোপ্রযুক্তির সংজ্ঞা 24

    ১.৩ সবুজ ন্যানোপ্রযুক্তির উদ্দেশ্য 24

    ১.৪ সবুজ ন্যানোপ্রযুক্তির কার্যকারিতা 25

    ১.৫ সবুজ ন্যানোপ্রযুক্তির উৎপাদন প্রক্রিয়া 25

    ১.৬ সবুজ ন্যানোপ্রযুক্তির ভবিষ্যত সম্ভাবনা 26

    ১.৭ উপসংহার 44

দ্বিতীয় অধ্যায়: সবুজ ন্যানোপ্রযুক্তির বিভিন্ন প্রয়োগ 45

    ২.১ পরিবেশগত সমস্যা সমাধানে সবুজ ন্যানোপ্রযুক্তির ভূমিকা 45

    ২.২ পানি বিশুদ্ধকরণ ও দূষণ পরিস্কারকরণ 45

    ২.৩ বায়ু দূষণ রোধে ন্যানোপ্রযুক্তির ব্যবহার 46

    ২.৪ শক্তি উৎপাদন ও সঞ্চয় 46

    ২.৫ বর্জ্য পরিশোধন 46

    ২.৬ কৃষি ও খাদ্য উৎপাদনে সবুজ ন্যানোপ্রযুক্তির প্রয়োগ 47

    ২.৭ সবুজ ন্যানোপ্রযুক্তির চ্যালেঞ্জ ও সীমাবদ্ধতা 47

    ২.৮ উপসংহার 48

তৃতীয় অধ্যায়: সবুজ ন্যানোপ্রযুক্তির বৈশ্বিক চ্যালেঞ্জ ও সম্ভাবনা 49

    ৩.১ বৈশ্বিক জলবায়ু পরিবর্তন এবং সবুজ ন্যানোপ্রযুক্তির ভূমিকা 49

সবুজ ন্যানোপ্রযুক্তি

৩.২ শিল্পে সবুজ ন্যানোপ্রযুক্তির সমাধান 49

৩.৩ সবুজ ন্যানোপ্রযুক্তি এবং সাসটেইনেবল কৃষি 50

৩.৪ সবুজ ন্যানোপ্রযুক্তির উন্নয়ন ও বাণিজ্যিকীকরণ 50

৩.৫ সবুজ ন্যানোপ্রযুক্তির আন্তর্জাতিক সহযোগিতা 50

৩.৬ সবুজ ন্যানোপ্রযুক্তি এবং মানবিক উন্নয়ন 51

৩.৭ সবুজ ন্যানোপ্রযুক্তির চ্যালেঞ্জ ও ভবিষ্যত দৃষ্টিভঙ্গি 51

৩.৮ উপসংহার 52

চতুর্থ অধ্যায়: সবুজ ন্যানোপ্রযুক্তির উদ্ভাবনী গবেষণা ও উন্নয়ন 53

৪.১ সবুজ ন্যানোপ্রযুক্তির গবেষণার ভূমিকা 53

৪.২ ন্যানোম্যাটেরিয়ালস: পরিবেশবান্ধব উদ্ভাবন 53

৪.৩ সবুজ ন্যানোপ্রযুক্তির উৎপাদন প্রক্রিয়া 54

৪.৪ সবুজ ন্যানোপ্রযুক্তির উদ্ভাবনী ব্যবহারের ক্ষেত্র 54

৪.৫ বায়োডিগ্রেডেবল প্যাকেজিং এবং পরিবেশবান্ধব উপকরণ 55

৪.৬ সবুজ ন্যানোপ্রযুক্তির ভবিষ্যত গবেষণার দিকনির্দেশনা 55

৪.৭ উপসংহার 55

পঞ্চম অধ্যায়: সবুজ ন্যানোপ্রযুক্তি এবং মানবস্বাস্থ্য 57

৫.১ ভূমিকা 57

৫.২ ন্যানোপ্রযুক্তির স্বাস্থ্যসেবায় ব্যবহার 57

৫.৩ টার্গেটেড ড্রাগ ডেলিভারি সিস্টেম 58

৫.৪ বায়োপ্রসেসিং এবং চিকিৎসা 58

৫.৫ ন্যানোস্কেল সেন্সর এবং রোগ নির্ণয় 59

৫.৬ মানবদেহে ন্যানোপ্রযুক্তির সুরক্ষা এবং ঝুঁকি 59

৫.৭ উপসংহার 59

ষষ্ঠ অধ্যায়: সবুজ ন্যানোপ্রযুক্তি এবং পরিবেশ রক্ষা 61

সবুজ ন্যানোপ্রযুক্তি

৬.১ ভূমিকা 61

৬.২ সবুজ ন্যানোপ্রযুক্তি এবং দূষণ নিয়ন্ত্রণ 61

৬.৩ সবুজ ন্যানোপ্রযুক্তি এবং পুনর্ব্যবহারযোগ্য উপকরণ 62

৬.৪ সবুজ ন্যানোপ্রযুক্তি এবং শক্তির সাশ্রয় 62

৬.৫ সবুজ ন্যানোপ্রযুক্তি এবং জলসংরক্ষণ 62

৬.৬ সবুজ ন্যানোপ্রযুক্তির সামাজিক এবং অর্থনৈতিক প্রভাব 63

৬.৭ উপসংহার 63

সপ্তম অধ্যায়: সবুজ ন্যানোপ্রযুক্তি এবং শিল্পের ভবিষ্যত 64

৭.১ ভূমিকা 64

৭.২ সবুজ ন্যানোপ্রযুক্তির ভূমিকা উৎপাদন শিল্পে 64

৭.৩ সবুজ ন্যানোপ্রযুক্তি এবং শক্তির উৎপাদন 65

৭.৪ সবুজ ন্যানোপ্রযুক্তি এবং কৃষি শিল্প 65

৭.৫ সবুজ ন্যানোপ্রযুক্তি এবং স্বাস্থ্য শিল্প 66

৭.৬ সবুজ ন্যানোপ্রযুক্তি এবং পরিবহন শিল্প 66

৭.৭ সবুজ ন্যানোপ্রযুক্তির চ্যালেঞ্জ এবং ভবিষ্যৎ 66

৭.৮ উপসংহার 67

অষ্টম অধ্যায়: সবুজ ন্যানোপ্রযুক্তি এবং সামাজিক ও অর্থনৈতিক প্রভাব 68

৮.১ ভূমিকা 68

৮.২ সবুজ ন্যানোপ্রযুক্তি এবং কর্মসংস্থান 68

৮.৩ সবুজ ন্যানোপ্রযুক্তি এবং সামাজিক সমতা 69

৮.৪ সবুজ ন্যানোপ্রযুক্তি এবং অর্থনৈতিক প্রবৃদ্ধি 69

৮.৫ সবুজ ন্যানোপ্রযুক্তির সামাজিক ও অর্থনৈতিক চ্যালেঞ্জ 70

৮.৬ সবুজ ন্যানোপ্রযুক্তির ভবিষ্যৎ সম্ভাবনা 70

৮.৭ উপসংহার 70

সবুজ ন্যানোপ্রযুক্তি

নবম অধ্যায়: সবুজ ন্যানোপ্রযুক্তির ভবিষ্যৎ গবেষণা এবং উন্নয়ন 72

   ৯.১ ভূমিকা 72

   ৯.২ সবুজ ন্যানোপ্রযুক্তির ভবিষ্যত গবেষণা ক্ষেত্রে প্রধান দিকগুলো 72

   ৯.৩ ন্যানোপ্রযুক্তি এবং সাসটেইনেবল ডেভেলপমেন্ট গোলস (SDGs) 73

   ৯.৪ সবুজ ন্যানোপ্রযুক্তির গবেষণায় সরকারি নীতি এবং বিনিয়োগের ভূমিকা 74

   ৯.৫ ভবিষ্যতে সবুজ ন্যানোপ্রযুক্তির শিক্ষাগত দিক 74

   ৯.৬ সবুজ ন্যানোপ্রযুক্তির চ্যালেঞ্জ এবং সুরক্ষা 74

   ৯.৭ উপসংহার 75

দশম অধ্যায়: সবুজ ন্যানোপ্রযুক্তির বাস্তব প্রয়োগ এবং উদাহরণ 76

   ১০.১ ভূমিকা 76

   ১০.২ পানির শোধনে ন্যানোপ্রযুক্তির প্রয়োগ 76

   ১০.৩ শক্তি উৎপাদন এবং সঞ্চয়ে ন্যানোপ্রযুক্তি 77

   ১০.৪ কৃষিতে ন্যানোপ্রযুক্তির প্রয়োগ 77

   ১০.৫ চিকিৎসায় ন্যানোপ্রযুক্তি: 77

   ১০.৬ পরিবেশ সুরক্ষায় ন্যানোপ্রযুক্তির ভূমিকা 78

   ১০.৭ উপসংহার 78

এগারোতম অধ্যায়: সবুজ ন্যানোপ্রযুক্তি: উদ্ভাবনী চিন্তা এবং সামাজিক-অর্থনৈতিক প্রভাব 80

   ১১.১ ভূমিকা 80

   ১১.২ সবুজ ন্যানোপ্রযুক্তির উদ্ভাবনী চিন্তা 80

   ১১.৩ সামাজিক প্রভাব 81

   ১১.৪ অর্থনৈতিক প্রভাব 81

   ১১.৫ চ্যালেঞ্জ এবং সংকট 82

   ১১.৬ উপসংহার 82

বারোতম অধ্যায়: সবুজ ন্যানোপ্রযুক্তির ভবিষ্যত সম্ভাবনা ও বৈশ্বিক প্রভাব 83

সবুজ ন্যানোপ্রযুক্তি

১২.১ ভূমিকা 83

১২.২ সবুজ ন্যানোপ্রযুক্তির ভবিষ্যত সম্ভাবনা 83

১২.৩ বৈশ্বিক প্রভাব 84

১২.৪ চ্যালেঞ্জ এবং ভবিষ্যত পরিকল্পনা 85

১২.৫ উপসংহার 85

তেরতম অধ্যায়: সবুজ ন্যানোপ্রযুক্তির বিকাশে বৈশ্বিক নীতি এবং পরিকল্পনা 86

১৩.১ ভূমিকা 86

১৩.২ বৈশ্বিক নীতি ও পরিকল্পনার প্রয়োজনীয়তা 86

১৩.৩ সবুজ ন্যানোপ্রযুক্তি সংক্রান্ত আন্তর্জাতিক উদ্যোগ 87

১৩.৪ সবুজ ন্যানোপ্রযুক্তি ব্যবহারের জন্য কার্যকরী পরিকল্পনা 88

১৩.৫ উপসংহার 88

চৌদ্দতম অধ্যায়: সবুজ ন্যানোপ্রযুক্তির নিরাপত্তা, স্বাস্থ্য এবং পরিবেশগত প্রভাব 90

১৪.১ ভূমিকা 90

১৪.২ সবুজ ন্যানোপ্রযুক্তির নিরাপত্তা বিষয়ক উদ্বেগ 90

১৪.৩ ন্যানোপ্রযুক্তি এবং মানব স্বাস্থ্য 91

১৪.৪ সবুজ ন্যানোপ্রযুক্তির পরিবেশগত প্রভাব 91

১৪.৫ সবুজ ন্যানোপ্রযুক্তির নিরাপদ ব্যবহার এবং নিয়ন্ত্রণ 92

১৪.৬ উপসংহার 93

পনেরতম অধ্যায়: সবুজ ন্যানোপ্রযুক্তির বাণিজ্যিকীকরণ এবং প্রযুক্তিগত-অর্থনৈতিক চ্যালেঞ্জ 94

১৫.১ ভূমিকা 94

১৫.২ সবুজ ন্যানোপ্রযুক্তির বাণিজ্যিকীকরণের প্রয়োজনীয়তা 94

১৫.৩ প্রযুক্তিগত চ্যালেঞ্জ 95

১৫.৪ অর্থনৈতিক চ্যালেঞ্জ 95

১৫.৫ সবুজ ন্যানোপ্রযুক্তির বাজার সম্ভাবনা 96

সবুজ ন্যানোপ্রযুক্তি

১৫.৬ উপসংহার 97

ষোলতম অধ্যায়: সবুজ ন্যানোপ্রযুক্তির সামাজিক ও নৈতিক প্রভাব 98

১৬.১ ভূমিকা 98

১৬.২ সবুজ ন্যানোপ্রযুক্তির সামাজিক প্রভাব 98

১৬.৩ সবুজ ন্যানোপ্রযুক্তির নৈতিক প্রভাব 99

১৬.৪ সবুজ ন্যানোপ্রযুক্তির সামাজিক দায়িত্ব 100

১৬.৫ উপসংহার 100

সতেরতম অধ্যায়: সবুজ ন্যানোপ্রযুক্তির পরিবেশগত প্রভাব এবং প্রযুক্তিগত সমাধান 101

১৭.১ ভূমিকা 101

১৭.২ সবুজ ন্যানোপ্রযুক্তি ও পরিবেশ সংরক্ষণ 101

১৭.৩ পরিবেশগত সমস্যার সমাধানে ন্যানোপ্রযুক্তির উদ্ভাবন 102

১৭.৪ প্রযুক্তিগত চ্যালেঞ্জ এবং সমাধান 102

১৭.৫ উপসংহার 103

আটারতম অধ্যায়: সবুজ ন্যানোপ্রযুক্তি ও মহাকাশ বিজ্ঞান: ভবিষ্যতের পথে এক নতুন দিগন্ত 104

সবুজ ন্যানোপ্রযুক্তির মহাকাশে ব্যবহার 104

১৮.১. শক্তি উৎপাদন ও সঞ্চয়: 104

১৮.২. পরিবেশ সুরক্ষা এবং জীবনের উপযোগী ব্যবস্থা: 105

১৮.৩. ক্ষুদ্র যন্ত্রপাতি এবং সেন্সর: 105

১৮.৪. সাশ্রয়ী উপকরণ ও ডিজাইন: 105

১৮.৫ উপসংহার 106

উনিশতম অধ্যায়: সবুজ ন্যানোপ্রযুক্তি ও কৃত্রিম বুদ্ধিমত্তা – প্রযুক্তিগত উৎকর্ষতার সবুজ পথচলা 107

১৯.১. ভূমিকা 107

১৯.২. সবুজ ন্যানোপ্রযুক্তির মৌলিক ধারণা 107

১৯.৩. কৃত্রিম বুদ্ধিমত্তা: সংক্ষিপ্ত পর্যালোচনা 107

সবুজ ন্যানোপ্রযুক্তি

১৯.৪. সবুজ ন্যানোপ্রযুক্তিতে AI-এর প্রয়োগ 108

    ক. মেটেরিয়াল ডিজাইন ও ভবিষ্যদ্বাণী 108

    খ. সিমুলেশন ও রিঅ্যাকশন অপ্টিমাইজেশন 108

    গ. রিয়েল-টাইম পরিবেশগত বিশ্লেষণ 108

    ঘ. কাস্টমাইজড থেরাপি 109

১৯.৫. কৃষি ও খাদ্য নিরাপত্তায় যৌথ প্রয়োগ 109

১৯.৬. স্বাস্থ্যসেবা ও ওষুধ শিল্পে প্রভাব 109

১৯.৭. দূষণ নিয়ন্ত্রণ ও জল বিশুদ্ধকরণ 109

১৯.৮. গবেষণাগার ও শিল্পখাতে প্রয়োগ 110

১৯.৯. চ্যালেঞ্জসমূহ 110

১৯.১০. ভবিষ্যৎ সম্ভাবনা 111

১৯.১১. উপসংহার 111

বিশতম অধ্যায়: সবুজ ন্যানোপ্রযুক্তি ও কৃত্রিম বুদ্ধিমত্তা – নীতিনৈতিকতা, বৈশ্বিক সহযোগিতা ও শিক্ষা. 112

    ১. ভূমিকা: প্রযুক্তি মানেই দায়িত্ব 112

    ২. নীতিনৈতিকতা ও ন্যানো-AI প্রযুক্তি 112

        ক. স্বচ্ছতা (Transparency) 112

        খ. নিরাপত্তা (Safety) 112

        গ. ন্যায়বিচার (Justice) 112

    ৩. বৈশ্বিক সহযোগিতা ও নীতি 113

        ক. আন্তর্জাতিক রেগুলেশন 113

        খ. গবেষণা তথ্যের ওপেন অ্যাক্সেস 113

        গ. দক্ষিণ-দক্ষিণ সহযোগিতা 113

    ৪. শিক্ষা ও মানবসম্পদ উন্নয়ন 113

        ক. একবিংশ শতাব্দীর শিক্ষাক্রম 113

সবুজ ন্যানোপ্রযুক্তি

    খ. গবেষণা-উদ্যোক্তা সংযোগ 114

    গ. জনসচেতনতা ও প্রযুক্তিগত সাক্ষরতা 114

৫. ভবিষ্যতের দিকনির্দেশনা: প্রযুক্তি + নীতি + মানুষ = টেকসই পৃথিবী 114

৬. উপসংহার 115

একুশতম অধ্যায়: সবুজ ন্যানোপ্রযুক্তি ও কৃত্রিম বুদ্ধিমত্তা – বাস্তব জীবনে প্রয়োগ ও বৈশ্বিক উদাহরণ .. 116

১. ভূমিকা 116

২. বাস্তব উদাহরণ: বিশ্বজুড়ে সবুজ ন্যানো-AI প্রয়োগ 116

    ক. ভারতের স্মার্ট কৃষি ন্যানোপ্রজেক্ট 116

    খ. ইউরোপের ন্যানোফিল্টার প্ল্যান্ট 116

    গ. জাপানের স্বাস্থ্যসেবায় ন্যানোড্রাগ ডেলিভারি 116

    ঘ. আফ্রিকায় দূষণ নিয়ন্ত্রণে ন্যানো-সেন্সর 117

৩. চ্যালেঞ্জ: প্রযুক্তি বাস্তবায়নের পথে বাধা 117

    ক. অর্থনৈতিক সীমাবদ্ধতা 117

    খ. মানবসম্পদের অভাব 117

    গ. নিয়ন্ত্রক কাঠামোর অভাব 117

    ঘ. সামাজিক গ্রহণযোগ্যতা 117

৪. উত্তরণের পথ 118

    ক. অবকাঠামোগত বিনিয়োগ 118

    খ. নীতিনির্ধারকদের সক্রিয় ভূমিকা 118

    গ. বহুপাক্ষিক সহযোগিতা 118

    ঘ. সামাজিক সচেতনতা বৃদ্ধি 118

৫. উপসংহার 118

বাইশতম অধ্যায়: বাংলাদেশের প্রেক্ষাপটে সবুজ ন্যানোপ্রযুক্তি ও কৃত্রিম বুদ্ধিমত্তা 120

১. ভূমিকা: সম্ভাবনার নতুন দিগন্ত 120

সবুজ ন্যানোপ্রযুক্তি

২. বাংলাদেশের প্রাকৃতিক ও সামাজিক বাস্তবতা 120

    ক. কৃষি ও খাদ্য নিরাপত্তা 120

    খ. পানি ও বায়ু দূষণ 120

    গ. স্বাস্থ্যসেবা ব্যবস্থায় সমস্যা 121

৩. বাংলাদেশের বিদ্যমান উদ্যোগ ও গবেষণা 121

    ক. শিক্ষাপ্রতিষ্ঠানের গবেষণা 121

    খ. সরকারের ডিজিটাল বাংলাদেশ উদ্যোগ 121

    গ. আন্তর্জাতিক সহযোগিতা 121

৪. ভবিষ্যৎ সম্ভাবনা ও করণীয় 122

    ক. সবুজ প্রযুক্তি ইনোভেশন হাব 122

    খ. শিক্ষা ও দক্ষতা উন্নয়ন 122

    গ. নীতিনির্ধারণ ও তদারকি 122

    ঘ. পরীক্ষামূলক প্রকল্প 122

৫. উপসংহার: সময় এখন, সুযোগ এখনই 122

তেইশতম অধ্যায়: কল্পিত বাংলাদেশ ২০৩৫ – সবুজ ন্যানোপ্রযুক্তির এক সম্ভাবনার ভবিষ্যৎ 124

১. সময়: ২০৩৫ সাল | স্থান: গাইবান্ধার একটি গ্রিন স্মার্ট গ্রাম 124

২. প্রযুক্তির বাস্তব রূপ 124

    ক. ন্যানো-সেন্সর যুক্ত পরিবেশ নজরদারি 124

    খ. AI-চালিত স্বাস্থ্য ইউনিট 124

    গ. AI + ন্যানোড্রাগ ডেলিভারি ইউনিট 125

৩. কর্মসংস্থান ও নতুন পেশা 125

    "Green Startup Village" 125

৪. টেকসই শহর ও গ্রাম 125

    ক. স্মার্ট শহর 125

সবুজ ন্যানোপ্রযুক্তি

খ. কার্বন-নেগেটিভ গ্রাম 126

৫. নৈতিকতা ও প্রযুক্তি একসাথে 126

৬. উপসংহার: কল্পনা নয়, প্রস্তুতির সময় এখন 126

শেষ অধ্যায়: সবুজ ন্যানোপ্রযুক্তি: ভবিষ্যত ও সম্ভাবনা 127

সবুজ ন্যানোপ্রযুক্তি

ভূমিকা: সবুজ ন্যানোপ্রযুক্তি ও আমাদের টেকসই ভবিষ্যত

বর্তমান যুগে বিশ্বব্যাপী যে পরিবেশগত সংকট চলছে, তার মোকাবিলা করতে নতুন ধরনের প্রযুক্তির প্রয়োজনীয়তা বেড়ে গেছে। আমাদের পৃথিবী নানা ধরণের পরিবেশগত বিপর্যয়ের সম্মুখীন, যেমন জলবায়ু পরিবর্তন, বায়ু ও পানি দূষণ, এবং বায়োডাইভারসিটির ক্ষতি। এই সংকটগুলো মোকাবিলায় প্রচলিত প্রযুক্তিগুলোর ক্ষমতা সীমিত, এবং তাই উদ্ভাবনী ও টেকসই প্রযুক্তির বিকাশ আজ একান্তই জরুরি। এমন এক উদ্ভাবনী প্রযুক্তি যা পরিবেশ ও মানবজাতির জন্য সহায়ক, তা হলো সবুজ ন্যানোপ্রযুক্তি।

ন্যানোপ্রযুক্তির সাহায্যে আমরা খুব ছোট, কার্যকরী উপকরণ তৈরি করতে পারি যা অনেক বেশি দক্ষ, পরিবেশবান্ধব এবং শক্তি সাশ্রয়ী। এটি এমন প্রযুক্তি যা আমাদের পরিবেশের সাথে সামঞ্জস্য রেখে কাজ করে, যার ফলে প্রাকৃতিক সম্পদের যথাযথ ব্যবহার, বর্জ্য কমানো এবং শক্তি সঞ্চয়ের মাধ্যমে টেকসই উন্নয়ন সাধিত হয়।

বিশ্বব্যাপী শক্তি সংকট, জলবায়ু পরিবর্তন, খাদ্য সুরক্ষা, এবং শিল্প উৎপাদনের দূষণ মোকাবিলায় সবুজ ন্যানোপ্রযুক্তি বিশেষভাবে গুরুত্বপূর্ণ ভূমিকা পালন করতে পারে। এটি শক্তির উৎপাদন, পরিবহন এবং সঞ্চয়ে বিপ্লব ঘটাতে পারে, উদ্ভিদের বৃদ্ধি উন্নত করতে সাহায্য করতে পারে এবং জীববৈচিত্র্য রক্ষা করতে সহায়ক হতে পারে।

বিশ্বের অন্যতম প্রধান চ্যালেঞ্জগুলোর মধ্যে অন্যতম হচ্ছে আমাদের পরবর্তী প্রজন্মের জন্য একটি নিরাপদ ও সাসটেইনেবল পৃথিবী তৈরি করা। এই লক্ষ্যে সবুজ ন্যানোপ্রযুক্তি গুরুত্বপূর্ণ ভূমিকা পালন করছে। এটি কেবলমাত্র একটি প্রযুক্তিগত বিপ্লব নয়, বরং একটি বৈশ্বিক আন্দোলন যা পৃথিবীকে আরও সুস্থ, সবল ও সুসংহত করতে কাজ করছে।

এই বইয়ের মূল লক্ষ্য হলো সবুজ ন্যানোপ্রযুক্তির ধারণা, এর প্রক্রিয়া, প্রযুক্তিগত প্রয়োগ এবং ভবিষ্যৎ দিকনির্দেশনা নিয়ে বিস্তারিত আলোচনা করা। আমরা দেখব, কীভাবে এই প্রযুক্তি পরিবেশকে উন্নত করতে সাহায্য করে, মানবিক সুবিধা প্রদান করে এবং আমাদের ভবিষ্যতকে টেকসই করে তোলে। পৃথিবীকে বাঁচানোর পথে, সবুজ ন্যানোপ্রযুক্তি একটি

সবুজ ন্যানোপ্রযুক্তি

গুরুত্বপূর্ণ কুঁড়ি হিসেবে আবির্ভূত হয়েছে এবং এটি আমাদের সবার জন্য এক নতুন সম্ভাবনার দ্বার উন্মোচন করছে।

পরবর্তী অধ্যায়ে আমরা সবুজ ন্যানোপ্রযুক্তির মৌলিক ধারণা, তার ইতিহাস এবং এর প্রয়োজনীয়তা নিয়ে আলোচনা করব, এবং পৃথিবীকে রক্ষার জন্য এর সম্ভাবনা তুলে ধরব।

প্রথম অধ্যায়: সবুজ ন্যানোপ্রযুক্তির সংজ্ঞা

১.১ ন্যানোপ্রযুক্তির পরিচিতি

মানবসভ্যতা সবসময় ছোট থেকে ছোট জিনিসের রহস্য উন্মোচন করার চেষ্টা করেছে। এক সময় মানুষ চোখে দেখা জগতের ভেতরেই সীমাবদ্ধ ছিল, পরে আবিষ্কার হলো অণুবীক্ষণ যন্ত্র, যা পরমাণু ও অণুর ক্ষুদ্রাতিক্ষুদ্র জগৎকে দেখার সুযোগ করে দিল। আজ আমরা এমন এক যুগে প্রবেশ করেছি যেখানে বিজ্ঞানীরা **এক ন্যানোমিটার** (১ ন্যানোমিটার = এক মিটারের এক বিলিয়ন ভাগের এক ভাগ, অর্থাৎ 10-910^{-9}10-9 মিটার) আকারের কণাকে নিয়ন্ত্রণ করতে সক্ষম। এই ক্ষুদ্র মাত্রার ভৌত, রাসায়নিক ও জৈব প্রক্রিয়াকে কাজে লাগিয়েই ন্যানোপ্রযুক্তির জন্ম।

ন্যানোপ্রযুক্তি **(Nanotechnology)** হলো এমন একটি প্রযুক্তি যা অত্যন্ত সূক্ষ্ম স্কেলে, অর্থাৎ ন্যানোমিটার (১ ন্যানোমিটার = ১০^-৯ মিটার) পরিসরে পদার্থের আচরণ এবং বৈশিষ্ট্য নিয়ে কাজ করে। সাধারণত, এটি পদার্থবিদ্যা, রসায়ন, জীববিজ্ঞান, প্রকৌশল এবং কম্পিউটার বিজ্ঞানসহ বিভিন্ন ক্ষেত্রে প্রয়োগ করা হয়। ন্যানোপ্রযুক্তি আমাদের জীবনে একটি নতুন যুগের সূচনা করেছে, যেখানে অত্যন্ত সূক্ষ্ম উপকরণ তৈরি এবং ব্যবহারের মাধ্যমে নানান সমস্যার সমাধান সম্ভব হয়েছে।

ন্যানোপ্রযুক্তির মূল ধারণা হলো, ন্যানোমিটার স্কেলে পদার্থের রাসায়নিক ও শারীরিক বৈশিষ্ট্যগুলো পরিবর্তিত হয়। এটি বিভিন্ন উপকরণের সাথে মিশে নতুন বৈশিষ্ট্য তৈরি করতে সক্ষম, যা ম্যাক্রোপ্রযুক্তির তুলনায় অনেক বেশি কার্যকরী এবং শক্তিশালী।

ন্যানোপ্রযুক্তি হলো এমন এক বৈজ্ঞানিক ও প্রকৌশল ক্ষেত্র, যেখানে পদার্থকে ১ থেকে ১০০ ন্যানোমিটার আকারে নিয়ন্ত্রণ, নকশা ও ব্যবহার করা হয়। এ আকারে পদার্থ প্রায়শই তার বৃহৎ আকারের তুলনায় ভিন্ন বৈশিষ্ট্য প্রদর্শন করে। যেমন—

- সোনার কণা বড় আকারে হলুদ দেখালেও ন্যানোস্কেলে লাল বা নীল বর্ণ ধারণ করতে পারে।
- কার্বন ন্যানোটিউব ইস্পাতের চেয়ে শতগুণ শক্তিশালী, অথচ ওজনে অনেক হালকা।
- ন্যানোম্যাটেরিয়াল অনেক সময় বেশি প্রতিক্রিয়াশীল হয়, যা চিকিৎসা বা জ্বালানি প্রযুক্তিতে কাজে লাগে।

ন্যানোপ্রযুক্তির ইতিহাস ও উৎস

ন্যানোপ্রযুক্তি নিয়ে প্রথম কল্পনাধর্মী বক্তব্য দেন পদার্থবিজ্ঞানী **রিচার্ড ফাইনম্যান ১৯৫৯** সালে তার বিখ্যাত বক্তৃতা *"There's Plenty of Room at the Bottom"*-এ। তিনি দেখিয়েছিলেন যে, যদি আমরা পরমাণু-অণুর স্তরে পদার্থ সাজাতে পারি তবে অসীম সম্ভাবনার দ্বার খুলবে।

এরপর ১৯৮০-এর দশকে **স্ক্যানিং টানেলিং মাইক্রোস্কোপ (STM)** আবিষ্কার হওয়ার পর বিজ্ঞানীরা সরাসরি পরমাণু পর্যবেক্ষণ এবং স্থানান্তর করতে সক্ষম হন। এভাবেই ন্যানোপ্রযুক্তি তাত্ত্বিক ধারণা থেকে বাস্তব গবেষণার পর্যায়ে প্রবেশ করে।

কেন ন্যানোপ্রযুক্তি গুরুত্বপূর্ণ?

ন্যানোপ্রযুক্তি শুধুমাত্র ক্ষুদ্র কোনো খেলার বিষয় নয়; বরং এটি আধুনিক জীবনের প্রতিটি ক্ষেত্রে বৈপ্লবিক পরিবর্তন আনছে—

- **চিকিৎসা:** ন্যানো-ড্রাগ ডেলিভারি সিস্টেম ক্যান্সারের মতো রোগ নিরাময়ে নতুন পথ দেখাচ্ছে।
- **ইলেকট্রনিক্স:** দ্রুততর, ক্ষুদ্রতর ও শক্তি-সাশ্রয়ী চিপ তৈরিতে ন্যানো-ট্রানজিস্টর ব্যবহার হচ্ছে।

- **শক্তি:** সৌরকোষ, ব্যাটারি ও জ্বালানি কোষে ন্যানোম্যাটেরিয়াল দক্ষতা বাড়াচ্ছে।
- **পরিবেশ:** পানি বিশুদ্ধকরণ, বায়ু দূষণ নিয়ন্ত্রণ ও সবুজ প্রযুক্তিতে ন্যানোপ্রযুক্তি নতুন সম্ভাবনা জাগাচ্ছে।

ন্যানোপ্রযুক্তির আন্তঃবিষয়ক চরিত্র

ন্যানোপ্রযুক্তি একটি বহুমাত্রিক ক্ষেত্র। এখানে পদার্থবিজ্ঞান, রসায়ন, জীববিজ্ঞান, চিকিৎসা, কম্পিউটার বিজ্ঞান ও প্রকৌশল—সবকিছু একসাথে কাজ করে। তাই এটি শুধু একক কোনো শাখার উন্নতি নয়, বরং মানবজীবনের সর্বত্র এর প্রভাব বিস্তার করছে।

১.২ সবুজ ন্যানোপ্রযুক্তির সংজ্ঞা

সবুজ ন্যানোপ্রযুক্তি, বা গ্রীন ন্যানোটেকনোলজি, এর প্রধান উদ্দেশ্য হলো পরিবেশের ক্ষতি না করে বা কম ক্ষতির মাধ্যমে ন্যানোম্যাটেরিয়ালস (অর্থাৎ ন্যানোস্ফেয়ার, ন্যানোডটস ইত্যাদি) তৈরি এবং তাদের বিভিন্ন প্রয়োগ তৈরি করা। এটির অন্যতম বৈশিষ্ট্য হলো, পরিবেশকে সুরক্ষা দেওয়ার পাশাপাশি মানব স্বাস্থ্য এবং জীববৈচিত্র্যকে রক্ষা করা।

সবুজ ন্যানোপ্রযুক্তির ভিত্তি হলো "গ্রীন কেমিস্ট্রি" এবং "গ্রীন ইঞ্জিনিয়ারিং" এর নীতিমালা, যার মাধ্যমে রাসায়নিক প্রক্রিয়াগুলি পরিবেশবান্ধব এবং নিরাপদভাবে পরিচালিত হয়। এর মাধ্যমে আমরা বিষাক্ত বা ক্ষতিকারক পদার্থগুলি পরিহার করে পরিবেশে কম প্রভাব ফেলতে সক্ষম হই।

১.৩ সবুজ ন্যানোপ্রযুক্তির উদ্দেশ্য

সবুজ ন্যানোপ্রযুক্তির দুটি প্রধান লক্ষ্য রয়েছে:

- **প্রথম লক্ষ্য:** পরিবেশ এবং মানবস্বাস্থ্যকে ক্ষতিগ্রস্ত না করে ন্যানোম্যাটেরিয়ালস ও পণ্য উৎপাদন করা।
- **দ্বিতীয় লক্ষ্য:** পরিবেশগত সমস্যাগুলোর সমাধান দেওয়া, যেমন বর্জ্য পরিষ্করণ, পানি বিশুদ্ধকরণ, দূষণ রোধ ইত্যাদি।

এ দুটি লক্ষ্যই সবুজ ন্যানোপ্রযুক্তির মূলে অবস্থান করছে, এবং এর মাধ্যমে আমরা ভবিষ্যতে একটি টেকসই পৃথিবী গড়ার দিকে এগিয়ে যেতে পারি।

১.৪ সবুজ ন্যানোপ্রযুক্তির কার্যকারিতা

সবুজ ন্যানোপ্রযুক্তি মানব সমাজ এবং পরিবেশের জন্য উপকারী হতে পারে। যেমন:

- **নতুন উপকরণ তৈরি:** সবুজ ন্যানোপ্রযুক্তির মাধ্যমে আমরা এমন উপকরণ তৈরি করতে পারি যা কম শক্তি খরচে এবং কম পরিবেশগত প্রভাব সহকারে উৎপাদিত হয়।
- **পুনঃব্যবহারযোগ্য উপকরণ:** ন্যানোপ্রযুক্তির মাধ্যমে এমন উপকরণ তৈরি করা সম্ভব, যা সহজেই পুনঃব্যবহারযোগ্য এবং পুনর্ব্যবহৃত উপকরণ থেকে পরিবেশে কম দূষণ সৃষ্টি হয়।
- **বর্জ্য হ্রাস:** ন্যানোপ্রযুক্তি এমনভাবে ডিজাইন করা হতে পারে যাতে উৎপাদন প্রক্রিয়ার সময় কম বর্জ্য উৎপন্ন হয় এবং অপ্রয়োজনীয় উপকরণগুলো পরিবেশে কম ক্ষতি সাধন করে।

১.৫ সবুজ ন্যানোপ্রযুক্তির উৎপাদন প্রক্রিয়া

সবুজ ন্যানোপ্রযুক্তির উৎপাদন প্রক্রিয়া একটি গুরুত্বপূর্ণ দিক, কারণ এটি প্রযুক্তির পরিবেশগত প্রভাব এবং কার্যকারিতা নির্ধারণ করে। সাধারণত, সবুজ ন্যানোপ্রযুক্তি উৎপাদন করার সময় নিম্নলিখিত বিষয়গুলো বিবেচনায় রাখা হয়:

- **নিরাপদ উপকরণ ব্যবহার:** সবুজ ন্যানোপ্রযুক্তির উৎপাদন প্রক্রিয়ায় এমন উপকরণ ব্যবহার করা হয় যা পরিবেশে বিষাক্ত প্রভাব ফেলে না।

- **এনার্জি সাশ্রয়ী প্রক্রিয়া:** উৎপাদন প্রক্রিয়ায় কম শক্তির ব্যবহার নিশ্চিত করা হয়।
- **নবায়নযোগ্য শক্তি ব্যবহার:** উৎপাদন প্রক্রিয়ায় নবায়নযোগ্য শক্তির ব্যবহার করা হয়, যেমন সৌর শক্তি, বায়ু শক্তি ইত্যাদি।

১.৬ সবুজ ন্যানোপ্রযুক্তির ভবিষ্যত সম্ভাবনা

বিশ্বব্যাপী পরিবেশগত সংকটের মধ্যে, সবুজ ন্যানোপ্রযুক্তি একটি সম্ভাবনাময় প্রযুক্তি হিসেবে আবির্ভূত হয়েছে। এই প্রযুক্তির সাহায্যে আমরা অনেক পরিবেশগত সমস্যা সমাধান করতে পারি, যেমন:

- **জলবায়ু পরিবর্তন রোধ:** সবুজ ন্যানোপ্রযুক্তি শক্তি উৎপাদন এবং ব্যবহারে খরচ কমিয়ে জলবায়ু পরিবর্তন রোধে সহায়ক হতে পারে।
- **পরিষ্কার শক্তির উৎস:** নবায়নযোগ্য শক্তির উৎপাদন এবং দক্ষ ব্যবহারে ন্যানোপ্রযুক্তির গুরুত্বপূর্ণ ভূমিকা রয়েছে।
- **বর্জ্য ব্যবস্থাপনা:** সবুজ ন্যানোপ্রযুক্তি বর্জ্য পরিশোধন এবং পুনঃব্যবহার প্রক্রিয়া আরও দক্ষ করতে সহায়তা করতে পারে।

সবুজ ন্যানোপ্রযুক্তি কেবল পরিবেশের জন্যই উপকারী নয়, এটি মানুষের স্বাস্থ্য এবং অর্থনৈতিক উন্নতির জন্যও অত্যন্ত গুরুত্বপূর্ণ। তাই, এই প্রযুক্তি সারা বিশ্বে ব্যাপকভাবে গ্রহণ করা হচ্ছে এবং ভবিষ্যতে এটি আরো বড় আকারে প্রতিস্থাপিত হবে।

সেকশন ২ - ন্যানোম্যাটেরিয়ালের ধরণ ও বৈশিষ্ট্য

ন্যানোপ্রযুক্তির সবচেয়ে মৌলিক উপাদান হলো **ন্যানোম্যাটেরিয়াল**। এগুলো এমন পদার্থ যাদের ভেতরে বা বাহিরে অন্তত একটি মাত্রা **১ থেকে ১০০ ন্যানোমিটার** আকারের মধ্যে সীমাবদ্ধ থাকে। ন্যানোম্যাটেরিয়ালের অস্বাভাবিক বৈশিষ্ট্যের কারণে গবেষকরা একে "অদ্ভুত জগতের উপাদান" বলে আখ্যা দেন। উদাহরণস্বরূপ—সোনার বড় কণা সবসময় হলুদ রঙের হলেও ন্যানোস্কেলে গেলে তা লাল বা নীল

দেখাতে পারে। আবার একই কার্বন পরমাণু দিয়ে হীরক, গ্রাফাইট, গ্রাফিন বা কার্বন ন্যানোটিউব তৈরি হয়, যেগুলোর বৈশিষ্ট্য একে অপরের থেকে একেবারেই আলাদা।

ন্যানোম্যাটেরিয়াল শুধুমাত্র পদার্থবিজ্ঞানেই সীমাবদ্ধ নয়—এটি রসায়ন, জীববিজ্ঞান, চিকিৎসাবিজ্ঞান, ইলেকট্রনিক্স, শক্তি, পরিবেশসহ সব ক্ষেত্রেই বিপ্লব ঘটাচ্ছে।

ন্যানোম্যাটেরিয়ালের শ্রেণিবিন্যাস

বিজ্ঞানীরা ন্যানোম্যাটেরিয়ালকে সাধারণত তাদের মাত্রার উপর ভিত্তি করে চারটি প্রধান শ্রেণিতে ভাগ করেন।

(ক) শূন্য-মাত্রিক (0D) ন্যানোম্যাটেরিয়াল

- এখানে সব মাত্রাই ন্যানোমিটার পর্যায়ে সীমাবদ্ধ।
- উদাহরণ: **ন্যানোপার্টিকল** (Nanoparticles), **কোয়ান্টাম ডট** (Quantum dots)।
- বৈশিষ্ট্য:
    - তীব্র **কোয়ান্টাম কনফাইনমেন্ট** প্রভাব থাকে, অর্থাৎ ইলেকট্রনের শক্তিস্তর কোয়ান্টাইজড হয়ে যায়।
    - অপটিক্যাল বৈশিষ্ট্য ভিন্ন হয়—যেমন কোয়ান্টাম ডট নির্দিষ্ট তরঙ্গদৈর্ঘ্যে আলো শোষণ ও নির্গত করে।
- ব্যবহার:
    - **চিকিৎসা:** MRI contrast agent, targeted drug delivery।

- ○ **অপটোইলেকট্রনিক্স:** LED, সৌরকোষ।
- ○ **জীববিজ্ঞান:** Fluorescent imaging।

(খ) এক-মাত্রিক (1D) ন্যানোম্যাটেরিয়াল

- এদের দৈর্ঘ্য বড় হলেও ব্যাস বা প্রস্থ ন্যানোস্কেলে।
- উদাহরণ: **ন্যানোওয়্যার (Nanowire), কার্বন ন্যানোটিউব (Carbon nanotube), ন্যানোরড (Nanorod)**।
- বৈশিষ্ট্য:
  - ○ উচ্চ বৈদ্যুতিক পরিবাহিতা।
  - ○ অত্যন্ত শক্তিশালী ও নমনীয়।
  - ○ পৃষ্ঠে ইলেকট্রন পরিবহন সহজ হয়।
- ব্যবহার:
  - ○ সেন্সর, ট্রানজিস্টর।
  - ○ শক্তি সঞ্চয় ডিভাইস (supercapacitors, batteries)।
  - ○ হালকা কিন্তু শক্ত কাঠামোগত উপাদান।

(গ) দুই-মাত্রিক (2D) ন্যানোম্যাটেরিয়াল

- এদের দৈর্ঘ্য ও প্রস্থ বড় হলেও পুরুত্ব ন্যানোস্কেলে।
- উদাহরণ: **গ্রাফিন, MoS_2 (Molybdenum disulfide), হেক্সাগোনাল বোরন নাইট্রাইড (h-BN)**।
- বৈশিষ্ট্য:
  - ○ অতিসুক্ষ্ম স্তর (একটি পরমাণুর সমান পুরু হতে পারে)।
  - ○ গ্রাফিনে **ইলেকট্রন গতিশীলতা অত্যন্ত বেশি** (copper-এর চেয়েও বেশি)।
  - ○ যান্ত্রিকভাবে শক্ত কিন্তু নমনীয়।
- ব্যবহার:

সবুজ ন্যানোপ্রযুক্তি

- পরবর্তী প্রজন্মের ট্রানজিস্টর ও ফ্লেক্সিবল ইলেকট্রনিক্স।
- সেন্সর ও ডিসপ্লে প্রযুক্তি।
- শক্তি সঞ্চয় (battery electrode, supercapacitor)।

(ঘ) তিন-মাত্রিক (3D) ন্যানোম্যাটেরিয়াল

- এগুলো হলো এমন পদার্থ যেখানে ন্যানোস্কেলের কাঠামো একত্রিত হয়ে বৃহৎ আকারের উপাদান তৈরি করে।
- উদাহরণ: ন্যানোস্ট্রাকচারড ধাতু, পলিমার ন্যানোকম্পোজিট, ন্যানোফোম।
- বৈশিষ্ট্য:
    - হালকা কিন্তু শক্ত উপাদান।
    - তাপ ও বিদ্যুৎ পরিবাহিতা নিয়ন্ত্রণযোগ্য।
- ব্যবহার:
    - পরিবহন শিল্পে (গাড়ি, বিমান) ওজন কমানো।
    - শক্ত কাঠামো নির্মাণ।
    - পরিবেশগত প্রযুক্তি (water filtration, catalyst)।

ন্যানোম্যাটেরিয়ালের বিশেষ বৈশিষ্ট্য

ন্যানোম্যাটেরিয়ালকে আলাদা করে তোলে কিছু মৌলিক বৈশিষ্ট্য:

1. **উচ্চ পৃষ্ঠতল-আয়তন অনুপাত**
    - ক্ষুদ্র আকারের কারণে মোট আয়তনের তুলনায় পৃষ্ঠতল বিশাল হয়।
    - ফলস্বরূপ, রাসায়নিক বিক্রিয়া অনেক দ্রুত হয়।

সবুজ ন্যানোপ্রযুক্তি

- উদাহরণ: ক্যাটালিস্ট হিসেবে ন্যানোপার্টিকল ব্যবহার।

2. **কোয়ান্টাম প্রভাব (Quantum Effects)**
    - ন্যানোস্কেলে ইলেকট্রনের শক্তিস্তর ভিন্নভাবে সাজানো হয়।
    - এর ফলে রঙ, বৈদ্যুতিক পরিবাহিতা ও অপটিক্যাল বৈশিষ্ট্য পরিবর্তিত হয়।

3. **অপটিক্যাল বৈশিষ্ট্য পরিবর্তন**
    - ন্যানোপার্টিকলের আকার ছোট-বড় করলে রঙ পাল্টে যায়।
    - উদাহরণ: Gold nanoparticles নীল, লাল বা বেগুনি দেখাতে পারে।

4. **যান্ত্রিক শক্তি বৃদ্ধি**
    - ন্যানোস্ট্রাকচার অনেক সময় ধাতুর চেয়ে শক্তিশালী হয়।
    - যেমন—কার্বন ন্যানোটিউব ইস্পাতের তুলনায় ১০০ গুণ শক্তিশালী, কিন্তু ওজনে ১/৬ ভাগ।

5. **তাপীয় ও বৈদ্যুতিক বৈশিষ্ট্যের পরিবর্তন**
    - কিছু ন্যানোম্যাটেরিয়াল তাপ পরিবাহক হিসেবে অসাধারণ, আবার কিছু ইনসুলেটরের মতো কাজ করতে পারে।

ন্যানোম্যাটেরিয়াল তৈরির কৌশল

ন্যানোম্যাটেরিয়াল তৈরির দুটি মূল ধারা রয়েছে:

(ক) টপ-ডাউন পদ্ধতি (Top-down approach)

- বড় আকারের উপাদান থেকে ধীরে ধীরে ছোট করে কেটে বা খোদাই করে ন্যানোস্ট্রাকচার তৈরি করা।
- উদাহরণ: লিথোগ্রাফি, ইলেকট্রন বিম লিথোগ্রাফি, মেকানিকাল মিলিং।

সবুজ ন্যানোপ্রযুক্তি

- সুবিধা: শিল্প পর্যায়ে সহজে প্রয়োগযোগ্য।
- অসুবিধা: ব্যয়বহুল এবং সবসময় সমান আকারের কণা পাওয়া যায় না।

(খ) বটম-আপ পদ্ধতি (Bottom-up approach)

- পরমাণু বা অণুকে সাজিয়ে ন্যানোস্ট্রাকচার তৈরি।
- উদাহরণ: সল-জেল পদ্ধতি, কেমিক্যাল ভ্যাপার ডিপোজিশন (CVD), স্ব-সংযোজন (self-assembly)।
- সুবিধা: নিয়ন্ত্রিত আকার ও গুণমানের ন্যানোপার্টিকল তৈরি সম্ভব।
- অসুবিধা: প্রক্রিয়া জটিল, সবসময় শিল্প পর্যায়ে স্কেল আপ করা কঠিন।

সেকশন ৩ - বিশেষ ন্যানোম্যাটেরিয়াল: কোয়ান্টাম ডট, কার্বন ন্যানোটিউব ও গ্রাফিন

ন্যানোম্যাটেরিয়ালের বিশাল পরিবার থেকে কয়েকটি উপাদান আলাদাভাবে বিজ্ঞানী ও শিল্পক্ষেত্রের বিশেষ মনোযোগ আকর্ষণ করেছে। এর মধ্যে **কোয়ান্টাম ডট (Quantum Dots)**, **কার্বন ন্যানোটিউব (Carbon Nanotubes)** এবং **গ্রাফিন (Graphene)** অন্যতম। এরা প্রত্যেকেই অনন্য বৈশিষ্ট্য প্রদর্শন করে এবং আধুনিক প্রযুক্তিতে বিপ্লব ঘটানোর ক্ষমতা রাখে।

কোয়ান্টাম ডট (Quantum Dots)

কী এবং কিভাবে আবিষ্কৃত

কোয়ান্টাম ডট হলো ০-মাত্রিক ন্যানোস্ট্রাকচার, যাদের আকার সাধারণত **২-১০ ন্যানোমিটার**। ১৯৮০-এর দশকে গবেষকরা প্রথম লক্ষ্য করেন, সেমিকন্ডাক্টর ন্যানোকণার আকার ছোট হলে তাদের আলোক-শোষণ ও নির্গমন বৈশিষ্ট্য ভিন্ন হয়। এভাবেই কোয়ান্টাম ডট গবেষণার যাত্রা শুরু।

বিশেষ বৈশিষ্ট্য

- **কোয়ান্টাম কনফাইনমেন্ট:** আকার ছোট হলে ইলেকট্রন ও হোল একটি ক্ষুদ্র অঞ্চলে সীমাবদ্ধ হয়, ফলে শক্তিস্তর আলাদা হয়ে যায়।
- **আলোক নির্গমন নিয়ন্ত্রণযোগ্য:** কোয়ান্টাম ডটের আকার পরিবর্তন করলে নির্গত আলোর রঙ পাল্টে যায়।

- **উচ্চ উজ্জ্বলতা ও স্থায়িত্ব:** সাধারণ জৈব রঞ্জকের তুলনায় অনেক বেশি স্থায়ী।

ব্যবহার

- **ডিসপ্লে:** QLED টিভি ও মনিটরে কোয়ান্টাম ডট ব্যবহৃত হয়।
- **চিকিৎসা ইমেজিং:** ফ্লুরোসেন্ট মার্কার হিসেবে ক্যান্সার কোষ শনাক্তে ব্যবহৃত।
- **সৌরকোষ:** সূর্যালোক শোষণ দক্ষতা বাড়াতে।
- **কোয়ান্টাম কম্পিউটিং:** ইলেকট্রন স্পিন ব্যবহার করে কিউবিট তৈরি।

কার্বন ন্যানোটিউব (Carbon Nanotubes, CNTs)

আবিষ্কারঃ ১৯৯১ সালে জাপানি বিজ্ঞানী **Sumio Iijima** প্রথম কার্বন ন্যানোটিউব পর্যবেক্ষণ করেন ইলেকট্রন মাইক্রোস্কোপে। এটি গ্রাফিন স্তরকে সিলিন্ডার আকারে রোল করলে তৈরি হয়।

প্রকারভেদ

- **Single-walled CNT (SWCNT):** একটি মাত্র গ্রাফিন স্তর দিয়ে গঠিত।
- **Multi-walled CNT (MWCNT):** একাধিক গ্রাফিন স্তর একটির ভেতরে আরেকটি সিলিন্ডার আকারে গঠিত।

সবুজ ন্যানোপ্রযুক্তি

বৈশিষ্ট্য

- **অত্যন্ত শক্তিশালী:** ইস্পাতের তুলনায় ১০০ গুণ বেশি শক্তিশালী।
- **অত্যন্ত হালকা:** অ্যালুমিনিয়ামের তুলনায় অনেক হালকা।
- **চমৎকার বৈদ্যুতিক পরিবাহিতা:** ধাতব বা অর্ধপরিবাহী উভয় ধরনের হতে পারে।
- **উচ্চ তাপ পরিবাহিতা:** হীরকের কাছাকাছি পর্যায়ে।

ব্যবহার

- **ইলেকট্রনিক্স:** ন্যানোট্রানজিস্টর, সেন্সর, ন্যানোকেবল।
- **শক্তি:** লিথিয়াম-আয়ন ব্যাটারির অ্যানোড উপাদান, সুপারক্যাপাসিটার।
- **যান্ত্রিক প্রয়োগ:** হালকা কিন্তু শক্ত কম্পোজিট উপাদান (বিমান, গাড়ি, মহাকাশযানে)।
- **চিকিৎসা:** ন্যানো-ড্রাগ ডেলিভারি সিস্টেম।

সবুজ ন্যানোপ্রযুক্তি

গ্রাফিন (Graphene)

আবিষ্কারঃ গ্রাফিন হলো একক স্তরের কার্বন পরমাণু, যা **হেক্সাগোনাল জাল (honeycomb lattice)** আকারে সাজানো। ২০০৪ সালে আন্দ্রে গেইম (Andre Geim) ও কনস্ট্যান্টিন নভোসেলভ (Konstantin Novoselov) প্রথম গ্রাফিন আলাদা করতে সক্ষম হন—অবাক করার মতোভাবে সাধারণ আঠালো টেপ ব্যবহার করে! এ আবিষ্কারের জন্য তাঁরা ২০১০ সালে পদার্থবিজ্ঞানে নোবেল পুরস্কার পান।

বিশেষ বৈশিষ্ট্য

- **অত্যন্ত উচ্চ বৈদ্যুতিক পরিবাহিতা:** ইলেকট্রন গতিশীলতা copper-এর চেয়েও বেশি।
- **যান্ত্রিক শক্তি:** ইস্পাতের তুলনায় অনেক বেশি শক্তিশালী, কিন্তু নমনীয়।
- **অপটিক্যাল বৈশিষ্ট্য:** খুব পাতলা হলেও দৃশ্যমান আলোর প্রায় ২.৩% শোষণ করে।
- **তাপ পরিবাহিতা:** অত্যন্ত দক্ষ তাপ পরিবাহক।

ব্যবহার

- **ইলেকট্রনিক্স:** পরবর্তী প্রজন্মের ট্রানজিস্টর, ফ্লেক্সিবল ইলেকট্রনিক্স।
- **শক্তি:** ব্যাটারি ও সুপারক্যাপাসিটর ইলেকট্রোড।
- **সেন্সর:** গ্যাস ও বায়োমলিকিউল শনাক্তকরণে।
- **অপটোইলেকট্রনিক্স:** টাচস্ক্রিন, ডিসপ্লে প্রযুক্তি।

তুলনামূলক আলোচনা

ন্যানোম্যাটেরিয়াল	গঠন	বৈশিষ্ট্য	প্রধান ব্যবহার
কোয়ান্টাম ডট	ন্যানোপার্টিকেল (০D)	নির্দিষ্ট রঙ নির্গমন, কোয়ান্টাম কনফাইনমেন্ট	QLED ডিসপ্লে, চিকিৎসা ইমেজিং
কার্বন ন্যানোটিউব	গ্রাফিন সিলিন্ডার (১D)	শক্তিশালী, হালকা, উচ্চ পরিবাহিতা	ব্যাটারি, সেন্সর, কম্পোজিট
গ্রাফিন	একক স্তর কার্বন (২D)	অতিরিক্ত ইলেকট্রন গতিশীলতা, স্বচ্ছতা, শক্তি	ফ্লেক্সিবল ইলেকট্রনিক্স, শক্তি সঞ্চয়

কোয়ান্টাম ডট, কার্বন ন্যানোটিউব ও গ্রাফিন হলো ন্যানোম্যাটেরিয়ালের তিনটি মাইলফলক। এরা শুধু বিজ্ঞানীদের কাছে গবেষণার বিষয় নয়, বরং বাস্তব জীবনে ইলেকট্রনিক্স, চিকিৎসা, শক্তি ও পরিবেশগত সমাধানে বিপ্লব ঘটাচ্ছে। আগামী শতাব্দীর প্রযুক্তি উন্নয়নে এ উপাদানগুলো মুখ্য ভূমিকা পালন করবে বলেই অনুমান করা হচ্ছে।

সেকশন ৪ - ন্যানোপ্রযুক্তির উৎপাদন কৌশল ও যন্ত্রপাতি

ন্যানোপ্রযুক্তি শুধু তত্ত্ব বা কল্পনা নয়—এটি বাস্তবে রূপ নেয় সঠিক **উৎপাদন কৌশল** ও **অগ্রসর যন্ত্রপাতির** মাধ্যমে। যেহেতু ন্যানোমিটার পর্যায়ে কাজ করতে হয়, তাই প্রচলিত মাইক্রোস্কেল প্রযুক্তি এখানে যথেষ্ট নয়। এজন্য বিজ্ঞানীরা বিশেষ প্রক্রিয়া (fabrication techniques) ও যন্ত্র (instrumentation) ব্যবহার করেন, যেগুলো পরমাণু ও অণুর স্তরে পদার্থকে নিয়ন্ত্রণ করতে সক্ষম।

সবুজ ন্যানোপ্রযুক্তি

উৎপাদন কৌশলের মূল ধারা

ন্যানোম্যাটেরিয়াল ও ন্যানোডিভাইস তৈরির দুটি প্রধান ধারা রয়েছে:

(ক) টপ-ডাউন পদ্ধতি (Top-down Approach)

- **মূলনীতি:** বড় আকারের উপাদান থেকে খোদাই, কাটা বা ক্ষয় করে ন্যানোস্ট্রাকচার তৈরি করা।
- **উদাহরণ:** লিথোগ্রাফি, ইলেকট্রন বিম লিথোগ্রাফি, ফোকাসড আয়ন বিম (FIB), মেকানিকাল মিলিং।
- **সুবিধা:** শিল্প পর্যায়ে স্কেল আপ করা সহজ, বিদ্যমান মাইক্রোইলেকট্রনিক্স প্রযুক্তির সাথে সামঞ্জস্যপূর্ণ।
- **অসুবিধা:** ব্যয়বহুল, জটিল এবং কখনও কখনও অসম আকারের কণা তৈরি হয়।

(খ) বটম-আপ পদ্ধতি (Bottom-up Approach)

- **মূলনীতি:** পরমাণু বা অণুকে একত্রিত করে স্ব-সংযোজন (self-assembly) প্রক্রিয়ায় ন্যানোস্ট্রাকচার তৈরি।
- **উদাহরণ:** সল-জেল পদ্ধতি, কেমিক্যাল ভ্যাপার ডিপোজিশন (CVD), অ্যাটমিক লেয়ার ডিপোজিশন (ALD), সলিউশন কেমিস্ট্রি।
- **সুবিধা:** আকার ও বৈশিষ্ট্য বেশি নিয়ন্ত্রণযোগ্য।
- **অসুবিধা:** ল্যাবরেটরি থেকে শিল্প পর্যায়ে উন্নীত করা কঠিন।

সবুজ ন্যানোপ্রযুক্তি

গুরুত্বপূর্ণ উৎপাদন কৌশল

লিথোগ্রাফি (Lithography)

- **ফটোলিথোগ্রাফি:** আলোক ব্যবহার করে সিলিকন ওয়েফারে ন্যানোপ্যাটার্ন তৈরি।
- **ইলেকট্রন বিম লিথোগ্রাফি (EBL):** ইলেকট্রন রশ্মি দিয়ে অতি ক্ষুদ্র (~১০ nm) নকশা লেখা সম্ভব।
- **প্রয়োগ:** মাইক্রোচিপ, ন্যানোইলেকট্রনিক্স, সেন্সর।

কেমিক্যাল ভ্যাপার ডিপোজিশন (CVD)

- **মূলনীতি:** গ্যাসীয় প্রিকার্সরকে গরম সাবস্ট্রেটে জমিয়ে পাতলা স্তর তৈরি করা।
- **ব্যবহার:** গ্রাফিন, কার্বন ন্যানোটিউব, পাতলা ফিল্ম ট্রানজিস্টর।

সল-জেল পদ্ধতি (Sol-Gel Method)

- তরল দ্রবণ থেকে জেল এবং শেষে শুকিয়ে ন্যানোপার্টিকল বা ন্যানোকোটিং তৈরি।
- **ব্যবহার:** অপটিক্যাল কোটিং, সিরামিক ন্যানোপার্টিকল।

অ্যাটমিক লেয়ার ডিপোজিশন (ALD)

- **মূলনীতি:** পরমাণু-স্তরে নিয়ন্ত্রিত পাতলা ফিল্ম তৈরি।
- **ব্যবহার:** ন্যানোইলেকট্রনিক্সে গেট ডাই-ইলেকট্রিক, ব্যাটারি কোটিং।

মলিকিউলার সেলফ-অ্যাসেম্বলি (Molecular Self-Assembly)

- অণু নিজে থেকে নির্দিষ্ট কাঠামোয় সাজিয়ে ন্যানোস্ট্রাকচার তৈরি করে।
- প্রকৃতিতে DNA, প্রোটিন ইত্যাদি এইভাবে গঠিত হয়।
- **ব্যবহার:** বায়োসেন্সর, ন্যানোবায়োম্যাটেরিয়াল।

ন্যানোপ্রযুক্তির যন্ত্রপাতি

স্ক্যানিং টানেলিং মাইক্রোস্কোপ (STM)

- ১৯৮১ সালে আবিষ্কৃত।
- পরমাণুর পৃষ্ঠ সরাসরি "দেখতে" এবং স্থানান্তর করতে সক্ষম।
- STM দিয়েই প্রথম ন্যানোমিটার স্তরে পরমাণু নিয়ন্ত্রণ করা সম্ভব হয়।

অ্যাটমিক ফোর্স মাইক্রোস্কোপ (AFM)

- একটি সূক্ষ্ম টিপ পৃষ্ঠে ঘুরে বেড়িয়ে পরমাণু-স্তরের ছবি তোলে।
- AFM দিয়ে শুধু ছবি নয়, ন্যানোস্কেলে বস্তুর যান্ত্রিক বৈশিষ্ট্যও মাপা যায়।

ট্রান্সমিশন ইলেকট্রন মাইক্রোস্কোপ (TEM)

- ইলেকট্রন রশ্মি বস্তু ভেদ করে চলে যায় এবং ছবি তৈরি করে।
- পরমাণু পর্যায়ের গঠন ও স্ফটিক কাঠামো বিশ্লেষণে অপরিহার্য।

ফোকাসড আয়ন বিম (FIB)

- আয়ন রশ্মি দিয়ে খুব নির্দিষ্টভাবে পদার্থ কাটতে বা খোদাই করতে ব্যবহৃত হয়।
- ন্যানোডিভাইস তৈরি ও সারফেস প্যাটার্নিং-এ ব্যবহৃত।

ব্যবহারিক দৃষ্টান্ত

- **ইলেকট্রনিক্স:** ইন্টেল ও TSMC কোম্পানি EBL এবং ALD ব্যবহার করে ন্যানোমিটার স্কেলের ট্রানজিস্টর তৈরি করছে।
- **শক্তি:** গ্রাফিন ও CNT উৎপাদনে CVD একটি মানদণ্ড প্রযুক্তি।
- **চিকিৎসা:** AFM ও TEM ব্যবহৃত হচ্ছে ন্যানোপার্টিকলের কোষভিত্তিক প্রভাব বোঝার জন্য।
- **পরিবেশ:** সল-জেল দ্বারা তৈরি ন্যানোফিল্টার পানি পরিশোধনে ব্যবহৃত হচ্ছে।

ন্যানোপ্রযুক্তির উৎপাদন কৌশল মূলত দুটি ধারা—টপ-ডাউন ও বটম-আপ। এর মধ্যে লিথোগ্রাফি, CVD, ALD, সল-জেল ও স্ব-সংযোজন বিশেষভাবে গুরুত্বপূর্ণ। এসব কৌশলকে কার্যকর করতে STM, AFM, TEM, FIB-এর মতো উন্নত যন্ত্র অপরিহার্য ভূমিকা রাখে। ভবিষ্যতে আরও উন্নত উৎপাদন কৌশল আবিষ্কৃত হলে ন্যানোপ্রযুক্তির ব্যবহার আরও ব্যাপক হবে।

সেকশন ৫ - ন্যানোচরিত্রায়ণ পদ্ধতি

ন্যানোপ্রযুক্তি গবেষণায় শুধু ন্যানোম্যাটেরিয়াল তৈরি করাই যথেষ্ট নয়, বরং এগুলোর আকার, গঠন, পৃষ্ঠতল, স্ফটিক কাঠামো, রাসায়নিক বৈশিষ্ট্য এবং অপটিক্যাল বৈশিষ্ট্য সঠিকভাবে জানা অত্যন্ত গুরুত্বপূর্ণ। এ জন্য ব্যবহার করা হয় বিভিন্ন চরিত্রায়ণ (Characterization) পদ্ধতি। এই অধ্যায়ে আলোচিত হবে কিছু বহুল ব্যবহৃত পদ্ধতি—ট্রান্সমিশন ইলেকট্রন মাইক্রোস্কোপি (TEM), স্ক্যানিং ইলেকট্রন মাইক্রোস্কোপি (SEM), অ্যাটমিক ফোর্স মাইক্রোস্কোপি (AFM), এক্স-রে ডিফ্র্যাকশন (XRD), রমন স্পেকট্রোস্কপি ইত্যাদি।

ট্রান্সমিশন ইলেকট্রন মাইক্রোস্কোপি (TEM)

- **মূলনীতি:** উচ্চ শক্তির ইলেকট্রন রশ্মি ন্যানোম্যাটেরিয়ালের পাতলা নমুনার ভেতর দিয়ে প্রবেশ করে। ইলেকট্রনের পারস্পরিক ক্রিয়া থেকে গঠিত ছবি দ্বারা গঠন বোঝা যায়।
- **রেজোলিউশন:** ০.১ nm পর্যন্ত (আণবিক পর্যায়ে স্পষ্ট ছবি দেখা যায়)।
- **ব্যবহার:**
    - ন্যানোপার্টিকলের আকৃতি, আকার ও বিতরণ নির্ণয়।
    - ক্রিস্টাল ল্যাটিস ও ত্রুটি (defect) বিশ্লেষণ।
    - ইলেকট্রন ডিফ্র্যাকশন ব্যবহার করে কাঠামোগত সনাক্তকরণ।
- **সুবিধা:** আণবিক/পরমাণু স্তরে ছবি পাওয়া যায়।
- **সীমাবদ্ধতা:**
    - নমুনা খুব পাতলা হতে হয়।
    - প্রস্তুতি জটিল এবং ব্যয়বহুল।

সবুজ ন্যানোপ্রযুক্তি

স্ক্যানিং ইলেকট্রন মাইক্রোস্কোপি (SEM)

- **মূলনীতি:** ইলেকট্রন বিম কোনো নমুনার পৃষ্ঠে আঘাত করলে প্রতিফলিত ও গৌণ ইলেকট্রন নির্গত হয়। এগুলো সনাক্ত করে ছবি তৈরি করা হয়।
- **রেজোলিউশন:** ১–১০ nm।
- **ব্যবহার:**
    - ন্যানোপার্টিকলের পৃষ্ঠের টপোগ্রাফি দেখা।
    - কম্পোজিট ম্যাটেরিয়ালের ভাঙন (fracture surface) বিশ্লেষণ।
    - ইলিমেন্টাল অ্যানালাইসিস (EDX সংযুক্ত থাকলে)।
- **সুবিধা:** ৩D-সদৃশ স্পষ্ট ছবি, সহজ নমুনা প্রস্তুতি।
- **সীমাবদ্ধতা:**
    - জৈব বা নরম পদার্থে চার্জ জমে ছবি অস্পষ্ট হতে পারে।
    - তুলনামূলকভাবে কম রেজোলিউশন।

অ্যাটমিক ফোর্স মাইক্রোস্কোপি (AFM)

- **মূলনীতি:** একটি সূক্ষ্ম প্রোব (nanotip) নমুনার পৃষ্ঠ বরাবর স্ক্যান করে। প্রোবের উপর অতি ক্ষুদ্র বল পরিবর্তন লেজারের সাহায্যে পরিমাপ করা হয়।
- **রেজোলিউশন:** ন্যানোমিটার পর্যায়ে, বিশেষত Z-দিকের রেজোলিউশন উচ্চ।
- **ব্যবহার:**
    - ন্যানোম্যাটেরিয়ালের পৃষ্ঠতল খসখসে ভাব (roughness) নির্ণয়।
    - ন্যানোস্ট্রাকচারের উচ্চতা ও আকৃতি বিশ্লেষণ।
    - যান্ত্রিক বৈশিষ্ট্য (বল, ঘর্ষণ) অধ্যয়ন।
- **সুবিধা:** ভ্যাকুয়াম প্রয়োজন নেই, জলে বা বাতাসে কাজ করা যায়।
- **সীমাবদ্ধতা:** স্ক্যানিং গতি ধীর, ছোট ক্ষেত্রফল পর্যবেক্ষণযোগ্য।

এক্স-রে ডিফ্র্যাকশন (XRD)

- **মূলনীতি:** স্ফটিক গঠন বিশিষ্ট পদার্থে এক্স-রে প্রক্ষেপণ করলে নির্দিষ্ট কোণে বিচ্ছুরণ ঘটে (Bragg's Law: $n\lambda = 2d\sin\theta$)। এভাবে ক্রিস্টাল স্ট্রাকচার জানা যায়।
- **ব্যবহার:**
    - ন্যানোক্রিস্টালের স্ফটিক কাঠামো ও ফেজ শনাক্তকরণ।
    - কণার গড় আকার নির্ণয় (Debye-Scherrer equation দ্বারা)।
    - ক্রিস্টালিনিটি নির্ণয়।
- **সুবিধা:** সহজ এবং দ্রুত।
- **সীমাবদ্ধতা:** খুব ছোট কণার (২–৩ nm এর নিচে) ক্ষেত্রে সঠিক তথ্য পাওয়া কঠিন।

রমন স্পেকট্রোস্কপি (Raman Spectroscopy)

- **মূলনীতি:** আলো (লেজার) কোনো পদার্থে আঘাত করলে অধিকাংশই রেলি স্ক্যাটার হয়, কিন্তু অল্প কিছু রমন স্ক্যাটার হয়। এর মাধ্যমে অণুর কম্পন-সংক্রান্ত তথ্য পাওয়া যায়।
- **ব্যবহার:**
    - গ্রাফিন, কার্বন ন্যানোটিউব, MoS_2-এর মতো ২D পদার্থের বিশ্লেষণ।
    - স্ফটিক গুণমান, ত্রুটি এবং স্তর সংখ্যা নির্ণয়।
    - রাসায়নিক বন্ধন ও চাপ (strain) বিশ্লেষণ।
- **সুবিধা:** ধ্বংসাত্মক নয়, দ্রুত পরিমাপ।
- **সীমাবদ্ধতা:** ফ্লুরোসেন্স ইন্টারফেরেন্স হলে সিগন্যাল অস্পষ্ট হতে পারে।

অন্যান্য চরিত্রায়ণ কৌশল (সংক্ষেপে)

- **FTIR (Fourier Transform Infrared Spectroscopy):** রাসায়নিক বন্ধন সনাক্তকরণ।
- **XPS (X-ray Photoelectron Spectroscopy):** পৃষ্ঠতলের রাসায়নিক অবস্থা বিশ্লেষণ।
- **DLS (Dynamic Light Scattering):** ন্যানোপার্টিকলের আকার বিতরণ নির্ণয়।

ন্যানোপ্রযুক্তি গবেষণার অগ্রযাত্রা নির্ভর করে নির্ভুল **চরিত্রায়ণ পদ্ধতি**র উপর। TEM ও SEM কাঠামো বিশ্লেষণে, AFM পৃষ্ঠ বিশ্লেষণে, XRD স্ফটিক কাঠামো নির্ধারণে, আর Raman রাসায়নিক ও ইলেকট্রনিক বৈশিষ্ট্য নির্ণয়ে অপরিহার্য। একক কোনো প্রযুক্তি সম্পূর্ণ চিত্র দেয় না; বরং বিভিন্ন পদ্ধতির সমন্বয়ই একটি ন্যানোম্যাটেরিয়ালের পূর্ণাঙ্গ বোঝাপড়া নিশ্চিত করে।

১.৭ উপসংহার

ন্যানোপ্রযুক্তি শুধুমাত্র একটি প্রযুক্তিগত উদ্ভাবন নয়, এটি আমাদের ভবিষ্যতের টেকসই পৃথিবী গড়ার জন্য এক গুরুত্বপূর্ণ পদক্ষেপ। এটি আমাদের সাহায্য করবে পরিবেশ সংরক্ষণ করতে, শক্তি সাশ্রয় করতে, এবং স্বাস্থ্য এবং নিরাপত্তা নিশ্চিত করতে। এর মাধ্যমে আমরা এমন একটি পৃথিবী গড়তে পারি যা আমাদের প্রজন্ম এবং পরবর্তী প্রজন্মের জন্য আরও সুস্থ ও উন্নত হতে পারে।

এই অধ্যায়ে, আমরা ন্যানোপ্রযুক্তির মৌলিক ধারণা, তার প্রয়োজনীয়তা, এবং এর ভবিষ্যৎ সম্ভাবনা সম্পর্কে আলোচনা করেছি। পরবর্তী অধ্যায়ে আমরা এর বিভিন্ন প্রয়োগ এবং প্রযুক্তির অগ্রগতি নিয়ে বিস্তারিত আলোচনা করব।

দ্বিতীয় অধ্যায়: সবুজ ন্যানোপ্রযুক্তির বিভিন্ন প্রয়োগ

২.১ পরিবেশগত সমস্যা সমাধানে সবুজ ন্যানোপ্রযুক্তির ভূমিকা

সবুজ ন্যানোপ্রযুক্তি পরিবেশগত সংকটের সমাধানে অত্যন্ত কার্যকরী হতে পারে। পৃথিবীর পরিবেশের অবস্থা দিন দিন খারাপ হয়ে যাচ্ছে, এবং এই সমস্যার মোকাবিলা করতে টেকসই এবং পরিবেশবান্ধব প্রযুক্তির প্রয়োজন। সবুজ ন্যানোপ্রযুক্তির মাধ্যমে আমরা বিভিন্ন পরিবেশগত সমস্যার সমাধান করতে পারি, যেমন বায়ু, পানি এবং মাটির দূষণ। এখানে আমরা কিছু গুরুত্বপূর্ণ প্রয়োগের দিকে নজর দিব।

২.২ পানি বিশুদ্ধকরণ ও দূষণ পরিস্কারকরণ

পানি হলো মানবজাতির জন্য অত্যন্ত গুরুত্বপূর্ণ একটি প্রাকৃতিক সম্পদ। কিন্তু বিভিন্ন কারণে, বিশেষত শিল্পকরণ এবং কৃষির আধুনিক প্রযুক্তির ব্যবহারে, পৃথিবীর পানি দূষিত হয়ে পড়েছে। সবুজ ন্যানোপ্রযুক্তি এই সমস্যা সমাধানে সাহায্য করতে পারে।

ন্যানোম্যাটেরিয়ালস যেমন ন্যানোফিল্টার এবং ন্যানোআবসর্বেন্টগুলি পানি থেকে দূষিত পদার্থ যেমন ভারী ধাতু, পেট্রোকেমিক্যাল এবং জৈব বর্জ্য সরাতে সাহায্য করে। ন্যানোফিল্টার প্রযুক্তি পানি বিশুদ্ধকরণের একটি উদ্ভাবনী উপায়, যা অন্যান্য প্রচলিত পদ্ধতির তুলনায় দ্রুত এবং কার্যকরী। এসব ন্যানোফিল্টারগুলি খুবই ছোট আকারের হওয়ায় তারা ছোটতম অণু পর্যন্ত ধরতে সক্ষম, এবং সেজন্য এটি অনেক বেশি কার্যকরী।

২.৩ বায়ু দূষণ রোধে ন্যানোপ্রযুক্তির ব্যবহার

বায়ু দূষণ একটি মারাত্মক পরিবেশগত সমস্যা, যা মানবস্বাস্থ্যের জন্য অত্যন্ত বিপজ্জনক। তাছাড়া এটি পৃথিবীর জলবায়ু পরিবর্তনের জন্যও দায়ী। সবুজ ন্যানোপ্রযুক্তি বায়ু দূষণ রোধে সহায়ক হতে পারে।

ন্যানোপ্রযুক্তির মাধ্যমে তৈরি বিশেষ ধরনের উপকরণ যেমন "ন্যানোস্পঞ্জ" এবং "ক্যাটালিস্টস" বায়ুর মধ্যে থাকা ক্ষতিকর গ্যাস যেমন কার্বন ডাই অক্সাইড (CO_2) এবং নাইট্রোজেন অক্সাইড (NOx) শোষণ করতে সক্ষম। এছাড়া, ন্যানোফিল্টার ব্যবহার করে শহরের বায়ুর মান উন্নত করা সম্ভব। এগুলো শুধু পরিবেশের জন্য নয়, মানুষের স্বাস্থ্যের জন্যও অত্যন্ত কার্যকরী।

২.৪ শক্তি উৎপাদন ও সঞ্চয়

এখনকার সময়ে শক্তির সংকট একটি গুরুত্বপূর্ণ সমস্যা। জীবাশ্ম জ্বালানির ব্যবহার কমিয়ে দিতে, সবুজ শক্তি উৎসগুলো যেমন সৌরশক্তি এবং বায়ুশক্তি ব্যবহার করা হচ্ছে। তবে, এসব শক্তি উৎসের একটি বড় চ্যালেঞ্জ হলো তাদের অস্থিরতা এবং সঞ্চয়ের সমস্যা। সবুজ ন্যানোপ্রযুক্তি এই সমস্যার সমাধান দিতে পারে।

ন্যানোম্যাটেরিয়ালস যেমন "ন্যানোব্যাটারী" এবং "সুপারক্যাপাসিটর" শক্তি সঞ্চয়ের জন্য ব্যবহৃত হচ্ছে। এগুলো সৌরশক্তি এবং বায়ুশক্তির ব্যবহারের ক্ষেত্রে অনেক বেশি কার্যকরী, কারণ এগুলি দ্রুত শক্তি ধারণ এবং মুক্ত করতে সক্ষম। এছাড়া, ন্যানোপ্রযুক্তি ব্যাটারির ধারণক্ষমতা এবং কার্যকারিতা বৃদ্ধি করে, যা নবায়নযোগ্য শক্তি ব্যবস্থার জন্য অত্যন্ত গুরুত্বপূর্ণ।

২.৫ বর্জ্য পরিশোধন

আজকাল শিল্প ও শহরের বর্জ্য পরিশোধন একটি বড় সমস্যা হয়ে দাঁড়িয়েছে। ন্যানোপ্রযুক্তি বর্জ্য পরিশোধন এবং পুনর্ব্যবহার প্রক্রিয়াকে অনেক কার্যকরী করতে সাহায্য

করতে পারে। বিশেষ করে, প্লাস্টিক বর্জ্য এবং রাসায়নিক বর্জ্য পরিশোধনে ন্যানোপ্রযুক্তি ব্যবহৃত হচ্ছে।

ন্যানোম্যাটেরিয়ালস যেমন ন্যানোস্পঞ্জ এবং ন্যানোফিল্টারগুলি বিভিন্ন ক্ষতিকারক রাসায়নিক পদার্থ শোষণ করে, এবং এটি পরিবেশের জন্য নিরাপদ রাখে। ন্যানোপ্রযুক্তির সাহায্যে বর্জ্য পরিশোধন প্রক্রিয়া সহজ, দ্রুত, এবং কম খরচে করা সম্ভব হয়।

২.৬ কৃষি ও খাদ্য উৎপাদনে সবুজ ন্যানোপ্রযুক্তির প্রয়োগ

কৃষি ক্ষেত্রেও সবুজ ন্যানোপ্রযুক্তির অগ্রগতি দেখা যাচ্ছে। ন্যানোপ্রযুক্তি কৃষি উৎপাদনে বিভিন্নভাবে ব্যবহৃত হচ্ছে। যেমন:

- **পানির দক্ষ ব্যবহার:** ন্যানোটেকনোলজি কৃষিতে পানি ব্যবহারের দক্ষতা বৃদ্ধি করতে সাহায্য করতে পারে। "ন্যানোফিল্টার" এবং "ন্যানোস্পঞ্জ" ব্যবহার করে পানি সঞ্চয় এবং সঠিক পরিমাণে পানি সরবরাহ নিশ্চিত করা সম্ভব।

- **খাদ্য উৎপাদনে নিরাপত্তা বৃদ্ধি:** ন্যানোপ্রযুক্তির মাধ্যমে খাদ্য সুরক্ষা বৃদ্ধি করা যায়। যেমন, ন্যানোফিল্ম এবং ন্যানোপ্রটেক্টিভ লেপ ব্যবহার করে খাদ্যপণ্যকে সংরক্ষণ করা সম্ভব, যা খাদ্যদ্রব্যের জীবনকাল বাড়ায় এবং পোকামাকড় এবং অন্যান্য ক্ষতিকারক জীবাণু থেকে রক্ষা করে।

২.৭ সবুজ ন্যানোপ্রযুক্তির চ্যালেঞ্জ ও সীমাবদ্ধতা

যদিও সবুজ ন্যানোপ্রযুক্তির বিপুল সম্ভাবনা রয়েছে, তবে এর কিছু চ্যালেঞ্জ এবং সীমাবদ্ধতাও আছে। যেমন:

- **প্রযুক্তির খরচ:** সবুজ ন্যানোপ্রযুক্তির উন্নয়ন এবং ব্যবহারে খরচ কিছুটা বেশি হতে পারে, যা উন্নয়নশীল দেশগুলির জন্য একটি বাধা।

- **প্রযুক্তির নিরাপত্তা:** ন্যানোম্যাটেরিয়ালসের কিছু প্রয়োগ মানবস্বাস্থ্য এবং পরিবেশে কীভাবে প্রভাব ফেলতে পারে, তা নিয়ে এখনও গবেষণা চলছে।

তাই, প্রযুক্তির নিরাপত্তা নিশ্চিত করা খুবই গুরুত্বপূর্ণ।

- **প্রযুক্তির প্রচলন**: সবুজ ন্যানোপ্রযুক্তির প্রয়োগ এবং ব্যবহার এখনও অনেক ক্ষেত্রেই সীমিত। এর ব্যাপক ব্যবহারের জন্য আরও গবেষণা এবং উন্নয়ন প্রয়োজন।

২.৮ উপসংহার

সবুজ ন্যানোপ্রযুক্তি পরিবেশগত সমস্যা সমাধানে একটি শক্তিশালী হাতিয়ার হিসেবে আবির্ভূত হয়েছে। পানি বিশুদ্ধকরণ, বায়ু দূষণ রোধ, শক্তি সঞ্চয় এবং কৃষি উৎপাদনসহ বিভিন্ন ক্ষেত্রে এর প্রয়োগ প্রশংসনীয়। তবে, প্রযুক্তি গ্রহণের জন্য আরও কিছু চ্যালেঞ্জ মোকাবেলা করা প্রয়োজন। ভবিষ্যতে, সবুজ ন্যানোপ্রযুক্তি আরও উন্নত এবং টেকসই প্রযুক্তি হিসেবে কাজ করবে, যা পরিবেশ এবং মানবজাতির কল্যাণে গুরুত্বপূর্ণ ভূমিকা রাখবে।

পরবর্তী অধ্যায়ে, আমরা সবুজ ন্যানোপ্রযুক্তির বৈশ্বিক চ্যালেঞ্জ এবং সম্ভাবনা নিয়ে আলোচনা করব, এবং কীভাবে এটি ভবিষ্যতে পৃথিবীকে আরো টেকসই করতে সাহায্য করতে পারে, তা বিশ্লেষণ করব।

তৃতীয় অধ্যায়: সবুজ ন্যানোপ্রযুক্তির বৈশ্বিক চ্যালেঞ্জ ও সম্ভাবনা

৩.১ বৈশ্বিক জলবায়ু পরিবর্তন এবং সবুজ ন্যানোপ্রযুক্তির ভূমিকা

বিশ্বের বিভিন্ন অঞ্চলে জলবায়ু পরিবর্তন একটি ক্রমবর্ধমান সমস্যা হয়ে উঠেছে। বৈশ্বিক তাপমাত্রা বৃদ্ধি, সমুদ্রস্তরের উচ্চতা বৃদ্ধি, এবং প্রাকৃতিক দুর্যোগের সংখ্যা বাড়ছে, যা পৃথিবীর বাস্তুতন্ত্র এবং মানবজীবনের জন্য বিপজ্জনক হয়ে দাঁড়িয়েছে। এ পরিস্থিতিতে, সবুজ ন্যানোপ্রযুক্তি জলবায়ু পরিবর্তনের বিরূপ প্রভাবের বিরুদ্ধে একটি শক্তিশালী হাতিয়ার হিসেবে আবির্ভূত হতে পারে।

ন্যানোম্যাটেরিয়ালস যেমন কার্বন ন্যানোটিউব, গ্রাফিন, এবং ন্যানোক্যাপাসিটর জলবায়ু পরিবর্তন মোকাবেলায় কার্যকরী হতে পারে। বিশেষ করে, এ সব উপকরণগুলি শক্তির সঞ্চয় এবং পরিবহনকে আরও দক্ষ করে তোলে, যা নবায়নযোগ্য শক্তির ব্যবহারকে উৎসাহিত করে এবং জীবাশ্ম জ্বালানির ওপর নির্ভরশীলতা কমায়। এছাড়া, ন্যানোপ্রযুক্তি পরিবেশ থেকে CO_2 শোষণ এবং তার পরবর্তী ব্যবহারে সাহায্য করতে পারে।

৩.২ শিল্পে সবুজ ন্যানোপ্রযুক্তির সমাধান

শিল্প খাতটি পৃথিবীর সবচেয়ে বড় দূষণকারী ক্ষেত্রগুলির মধ্যে একটি। কিন্তু সবুজ ন্যানোপ্রযুক্তির মাধ্যমে শিল্পের খরচ, শক্তি ব্যবহার এবং দূষণ নিয়ন্ত্রণ করা সম্ভব। উদাহরণস্বরূপ, ন্যানোপ্রযুক্তির মাধ্যমে জীবাশ্ম জ্বালানির ব্যবহার কমিয়ে দেয়ার জন্য বিভিন্ন ধরনের উন্নত ক্যাটালিস্টস তৈরি করা হচ্ছে, যা শক্তি উৎপাদনে দক্ষতা বৃদ্ধি করতে সাহায্য করবে।

এছাড়া, পরিবেশবান্ধব প্যাকেজিং উপকরণ তৈরি, রাসায়নিক দূষণ নিয়ন্ত্রণ, এবং শক্তির ব্যবহারে নিখুঁত প্রযুক্তির উদ্ভাবনও সবুজ ন্যানোপ্রযুক্তির মাধ্যমে সম্ভব। এগুলোর ব্যবহারকে প্রভাবিত করবে উৎপাদন খাতে নিরাপদ, সাশ্রয়ী এবং টেকসই বিকল্প প্রযুক্তির চাহিদা।

৩.৩ সবুজ ন্যানোপ্রযুক্তি এবং সাসটেইনেবল কৃষি

কৃষি বিশ্বব্যাপী এক গুরুত্বপূর্ণ খাত। তবে, আধুনিক কৃষির ফলে মাটির অবক্ষয়, পানি সংকট, এবং বিষাক্ত রাসায়নিকের ব্যবহার বৃদ্ধি পাচ্ছে। সবুজ ন্যানোপ্রযুক্তি কৃষিতে সাসটেইনেবল উন্নতির পথ খুলে দিয়েছে। উদাহরণস্বরূপ, বিশেষ ধরনের ন্যানোফার্টিলাইজার এবং ন্যানোপ্রেসারভেটিভস ব্যবহার করা হচ্ছে, যা কৃষি উৎপাদনের দক্ষতা এবং খাদ্য নিরাপত্তা উন্নত করতে সাহায্য করে।

এছাড়া, ন্যানোপ্রযুক্তি পানি সঞ্চয়ের জন্য স্মার্ট ইরিগেশন সিস্টেম তৈরি করতে সক্ষম। এসব প্রযুক্তি পানি এবং খাদ্য উভয় ক্ষেত্রেই সাশ্রয়ী ও টেকসই ব্যবহারের ব্যবস্থা করবে।

৩.৪ সবুজ ন্যানোপ্রযুক্তির উন্নয়ন ও বাণিজ্যিকীকরণ

যদিও সবুজ ন্যানোপ্রযুক্তি বিভিন্ন ক্ষেত্রে প্রচুর সম্ভাবনা নিয়ে এসেছে, তবুও এর উন্নয়ন এবং বাণিজ্যিকীকরণ একটি বড় চ্যালেঞ্জ হয়ে দাঁড়িয়েছে। প্রথমত, এই প্রযুক্তির উন্নয়নে ব্যাপক পরিমাণ গবেষণা ও উন্নয়নের প্রয়োজন। দ্বিতীয়ত, ন্যানোপ্রযুক্তি বাণিজ্যিকভাবে ব্যবহার করতে হলে, এর উৎপাদন খরচ কমানো এবং বিশ্বব্যাপী উৎপাদন ক্ষমতা বৃদ্ধি করতে হবে।

তাছাড়া, যেহেতু ন্যানোপ্রযুক্তির বেশ কিছু উপকরণ এবং প্রক্রিয়া এখনও পর্যাপ্তভাবে বাজারে আসেনি, তাই এটি বাণিজ্যিকীকরণের ক্ষেত্রে বাধা সৃষ্টি করছে। তবে, সরকারি ও বেসরকারি খাতের যৌথ প্রচেষ্টায় এবং বিনিয়োগের মাধ্যমে ন্যানোপ্রযুক্তি শিল্পকে গতিশীল করা সম্ভব।

৩.৫ সবুজ ন্যানোপ্রযুক্তির আন্তর্জাতিক সহযোগিতা

সবুজ ন্যানোপ্রযুক্তি একটি বৈশ্বিক দৃষ্টিকোণ থেকে গুরুত্বপূর্ণ প্রযুক্তি। আন্তর্জাতিক সহযোগিতার মাধ্যমে এটি দ্রুততরভাবে উন্নয়ন লাভ করতে পারে। জাতিসংঘের টেকসই উন্নয়ন লক্ষ্যগুলোর সঙ্গে সমন্বয় করে, সবুজ ন্যানোপ্রযুক্তি ব্যবহারে বৈশ্বিক প্রচেষ্টা বাড়ানো যেতে পারে।

বিশ্ববিদ্যালয়, গবেষণাগার এবং শিল্পখাতের মধ্যে শক্তিশালী সহযোগিতা এবং তথ্য বিনিময়ের মাধ্যমে, ন্যানোপ্রযুক্তি উন্নয়ন ত্বরান্বিত করা সম্ভব। উদাহরণস্বরূপ, ইউরোপীয় ইউনিয়ন, চীন এবং যুক্তরাষ্ট্রের মতো দেশগুলো ইতিমধ্যেই ন্যানোপ্রযুক্তির উন্নয়ন এবং এর পরিবেশবান্ধব ব্যবহার নিয়ে একসঙ্গে কাজ করছে।

৩.৬ সবুজ ন্যানোপ্রযুক্তি এবং মানবিক উন্নয়ন

সবুজ ন্যানোপ্রযুক্তির আরেকটি গুরুত্বপূর্ণ দিক হলো এটি মানবিক উন্নয়নকে সমর্থন করতে পারে। এটি উন্নয়নশীল দেশগুলোর জন্য সুযোগ তৈরি করতে পারে, যেখানে এখনও অনেক পরিবেশগত সমস্যা রয়ে গেছে। সবুজ ন্যানোপ্রযুক্তি এই দেশগুলোর জন্য পানির অভাব, কৃষির সমস্যা এবং শক্তির অভাব মেটানোর ক্ষেত্রে একটি বড় সম্ভাবনা তৈরি করতে পারে।

বিশেষভাবে, ন্যানোপ্রযুক্তি যদি যথাযথভাবে উন্নয়নশীল দেশগুলিতে ব্যবহৃত হয়, তবে এটি সেখানে অর্থনৈতিক উন্নয়ন ও কর্মসংস্থান সৃষ্টি করতে সাহায্য করবে।

৩.৭ সবুজ ন্যানোপ্রযুক্তির চ্যালেঞ্জ ও ভবিষ্যত দৃষ্টিভঙ্গি

সবুজ ন্যানোপ্রযুক্তির সম্ভাবনা এবং তার ব্যবহার এখনও কিছু চ্যালেঞ্জের সম্মুখীন। প্রথমত, এই প্রযুক্তির বিকাশ এবং প্রয়োগের ক্ষেত্রে মৌলিক বৈজ্ঞানিক গবেষণা গুরুত্বপূর্ণ। দ্বিতীয়ত, ন্যানোপ্রযুক্তির পরিবেশগত ও স্বাস্থ্যগত প্রভাব নিয়ে আরও বেশি গবেষণা প্রয়োজন। এছাড়া, বাজারে সবুজ ন্যানোপ্রযুক্তির কার্যকরী ব্যবহার চালু করার জন্য বিশ্বব্যাপী নীতি ও আইন কাঠামো তৈরির প্রয়োজন রয়েছে।

তবে, প্রযুক্তির এ অগ্রগতি স্বীকৃত এবং আন্তর্জাতিক দৃষ্টিকোণ থেকে এটিকে সমর্থন করা হলে, এটি ভবিষ্যতে পৃথিবীকে আরও টেকসই এবং পরিবেশবান্ধব জায়গায় পরিণত করতে সাহায্য করবে।

৩.৮ উপসংহার

সবুজ ন্যানোপ্রযুক্তি বৈশ্বিক সমস্যা সমাধানে অত্যন্ত গুরুত্বপূর্ণ ভূমিকা রাখছে। পরিবেশগত সংকট, জলবায়ু পরিবর্তন, শক্তি সঞ্চয়, এবং কৃষি উন্নয়নে এর ভূমিকা প্রতিনিয়ত বেড়ে চলেছে। তবে, প্রযুক্তি গ্রহণের পথ এখনও চ্যালেঞ্জময়, যা বৈশ্বিক সহযোগিতা, গবেষণা এবং নীতিমালা দ্বারা সমাধান করা সম্ভব। ভবিষ্যতে, সবুজ ন্যানোপ্রযুক্তি মানবজাতির জন্য একটি টেকসই ও পরিবেশবান্ধব পৃথিবী গড়তে সাহায্য করবে।

পরবর্তী অধ্যায়ে, আমরা সবুজ ন্যানোপ্রযুক্তির ভবিষ্যত সম্ভাবনা এবং এর সাথে সম্পর্কিত বৈজ্ঞানিক অগ্রগতির দিকে নজর দেব।

চতুর্থ অধ্যায়: সবুজ ন্যানোপ্রযুক্তির উদ্ভাবনী গবেষণা ও উন্নয়ন

৪.১ সবুজ ন্যানোপ্রযুক্তির গবেষণার ভূমিকা

সবুজ ন্যানোপ্রযুক্তি বিশ্বের বিভিন্ন খাতে বিপ্লব আনতে সক্ষম হয়েছে এবং এই প্রযুক্তির নতুনত্ব, দক্ষতা, এবং টেকসই উন্নতির দিকগুলো নিয়ে গবেষণা অব্যাহত রয়েছে। প্রতিনিয়ত নতুন নতুন উপকরণ, প্রযুক্তি এবং ব্যবহারের ক্ষেত্র আবিষ্কৃত হচ্ছে, যা আমাদের পরিবেশবান্ধব এবং টেকসই ভবিষ্যতের দিকে নিয়ে যাচ্ছে। এর মধ্যে একাধিক গুরুত্বপূর্ণ দিক রয়েছে, যেমন উপকরণের উন্নয়ন, রাসায়নিক প্রক্রিয়া ও মেকানিজমের অনুসন্ধান, এবং উদ্ভাবনী ব্যবহার।

সবুজ ন্যানোপ্রযুক্তির গবেষণায়, প্রথমে পরিবেশের উপর ক্ষতিকর প্রভাব এড়াতে এবং রিসোর্স ব্যবহার কমাতে কার্যকরী সমাধান খুঁজে বের করার দিকে মনোনিবেশ করা হয়। এ জন্য, ন্যানোম্যাটেরিয়ালস, যেমন ন্যানোআলয়, ন্যানোফাইবার, এবং সেমিকন্ডাক্টর, অধিক কার্যকারিতা এবং পরিবেশবান্ধব পদ্ধতিতে বিকাশের লক্ষ্যে গবেষণা করা হচ্ছে। এর মধ্যে রয়েছে কম শক্তি ব্যবহার, কম দূষণ সৃষ্টি, এবং দক্ষ পুনঃব্যবহারযোগ্য উপকরণের উন্নয়ন।

৪.২ ন্যানোম্যাটেরিয়ালস: পরিবেশবান্ধব উদ্ভাবন

সবুজ ন্যানোপ্রযুক্তির একটি গুরুত্বপূর্ণ দিক হলো নতুন ধরনের ন্যানোম্যাটেরিয়ালসের উদ্ভাবন। এই উপকরণগুলির বৈশিষ্ট্য তাদের কার্যক্ষমতা এবং স্থায়ীত্বে যথেষ্ট অগ্রগতি এনে দিয়েছে। উদাহরণস্বরূপ, গ্রাফিন এবং কার্বন ন্যানোটিউব অত্যন্ত শক্তিশালী এবং পরিবেশবান্ধব উপকরণ হিসেবে পরিচিত, যা শক্তির সঞ্চয়, পরিবেশগত বিশ্লেষণ এবং বায়োডিগ্রেডেবল প্যাকেজিংয়ের ক্ষেত্রে ব্যবহার হতে পারে।

গ্রাফিনের গবেষণা এক ধরণের যুগান্তকারী উদ্ভাবন হিসেবে কাজ করছে। এটি পানি শোধন, শক্তি সঞ্চয়, এবং বাতাসের মাধ্যমে পরিবেশের দূষণ নিয়ন্ত্রণে সক্ষম। এর প্রক্রিয়াগুলি অন্যান্য উপকরণের তুলনায় বেশি শক্তিশালী, দ্রুত এবং পরিবেশবান্ধব।

৪.৩ সবুজ ন্যানোপ্রযুক্তির উৎপাদন প্রক্রিয়া

সবুজ ন্যানোপ্রযুক্তি নির্মাণে যে উৎপাদন প্রক্রিয়া ব্যবহৃত হয়, তা পরিবেশের উপর কম প্রভাব ফেলে। এটি জৈব উপকরণ বা পুনঃব্যবহারযোগ্য কাঁচামাল ব্যবহার করে তৈরি করা হয়, যা একদিকে যেমন কার্বন পদার্থ কমাতে সাহায্য করে, তেমনি ব্যবহৃত উপকরণগুলিও কম ক্ষতিকর হয়। বিশেষভাবে, সলজ-ফেজ প্রযুক্তি এবং বায়ো-ন্যানোপ্রযুক্তি এসব উৎপাদন প্রক্রিয়ার মধ্যে ব্যবহার করা হচ্ছে।

এই প্রযুক্তিগুলোর মধ্যে, "সবুজ সেন্টেসিস" নামে একটি পদ্ধতি রয়েছে, যার মাধ্যমে রাসায়নিক বিক্রিয়া কমিয়ে, পুনঃব্যবহারযোগ্য উপকরণ ব্যবহার করে ন্যানোম্যাটেরিয়াল তৈরি করা হয়। সলজ-ফেজ এবং মাইক্রোওয়েভ প্রযুক্তি খুবই কার্যকরী হয়ে উঠেছে, কারণ এগুলোর মাধ্যমে শক্তির ব্যবহার কমিয়ে এবং পরিবেশবান্ধব উপকরণ তৈরি করা সম্ভব।

৪.৪ সবুজ ন্যানোপ্রযুক্তির উদ্ভাবনী ব্যবহারের ক্ষেত্র

সবুজ ন্যানোপ্রযুক্তি বর্তমানে বিভিন্ন খাতে ব্যবহার হচ্ছে, যেমন নবায়নযোগ্য শক্তি, পানি শোধন, কৃষি, এবং পরিবেশগত বিশ্লেষণ। বিশেষত, শক্তি সঞ্চয় এবং পরিবহন খাতে এর গুরুত্বপূর্ণ ভূমিকা রয়েছে। উদাহরণস্বরূপ, সোলার প্যানেলগুলির কার্যকারিতা বাড়াতে ন্যানোফোটোভোলটাইক প্রযুক্তি ব্যবহৃত হচ্ছে, যা কম আলোতেও শক্তি উৎপাদন করতে সক্ষম।

পানি শোধনেও ন্যানোফিল্টার প্রযুক্তি গুরুত্বপূর্ণ ভূমিকা পালন করছে। ন্যানোস্কেল প্রযুক্তি ব্যবহার করে দূষিত পানি শোধন, অ্যালগির বৃদ্ধির বিরুদ্ধে লড়াই, এবং পানি বিশুদ্ধকরন কার্যক্রমে অগ্রগতি ঘটানো সম্ভব হয়েছে।

৪.৫ বায়োডিগ্রেডেবল প্যাকেজিং এবং পরিবেশবান্ধব উপকরণ

আজকাল প্লাস্টিকের সমস্যা বড় আকারে বৃদ্ধি পেয়েছে। বিশেষত, সিঙ্গেল-ইউজ প্লাস্টিকের ব্যবহার পরিবেশের জন্য এক বড় ধরনের হুমকি হয়ে দাঁড়িয়েছে। সবুজ ন্যানোপ্রযুক্তির মাধ্যমে বায়োডিগ্রেডেবল প্যাকেজিং এবং পরিবেশবান্ধব উপকরণ তৈরি করা সম্ভব হয়েছে। ন্যানোপ্রযুক্তির সাহায্যে এমন উপকরণ তৈরি করা হচ্ছে, যা প্রকৃতির মধ্যে দ্রুতগতিতে বিলীন হতে পারে এবং পরিবেশের ক্ষতি কমাতে সহায়ক হতে পারে।

এ ধরনের প্যাকেজিং উপকরণ তৈরি করতে, কৃষি ও উদ্ভিদভিত্তিক উপকরণ ব্যবহার করা হচ্ছে। উদাহরণস্বরূপ, কনজিউমেবল প্লাস্টিকের পরিবর্তে ন্যানোপ্রযুক্তি দিয়ে তৈরি করা প্যাকেজিং, যা জীবাশ্ম উপাদান না ব্যবহার করে জীবাণু-বিনাশক এবং পরিবেশের জন্য উপযোগী উপকরণ তৈরির কাজ করছে।

৪.৬ সবুজ ন্যানোপ্রযুক্তির ভবিষ্যত গবেষণার দিকনির্দেশনা

সবুজ ন্যানোপ্রযুক্তির ভবিষ্যতে আরও গভীর গবেষণার প্রয়োজন রয়েছে। বিশেষ করে, ন্যানোস্কেল উপকরণের পরিবেশগত প্রভাব, এর দীর্ঘমেয়াদি স্থায়িত্ব এবং মানবস্বাস্থ্যের উপর এর প্রভাব নিয়ে আরও বিস্তারিত গবেষণা করা জরুরি। নতুন ধরনের সবুজ ক্যাটালিস্ট এবং বায়োপ্রসেসিং প্রযুক্তি তৈরি করতে হলে আরো সৃজনশীল পদ্ধতিতে গবেষণা চালিয়ে যেতে হবে।

তাছাড়া, ন্যানোপ্রযুক্তির বাণিজ্যিকীকরণের জন্য প্রযোজ্য নিরাপত্তা ব্যবস্থা এবং আন্তর্জাতিক মান উন্নয়ন করাও গুরুত্বপূর্ণ।

৪.৭ উপসংহার

সবুজ ন্যানোপ্রযুক্তির গবেষণা এবং উদ্ভাবন এক বিপ্লবের সূচনা করছে। এটি পরিবেশগত দূষণ কমানো, শক্তি সঞ্চয় বাড়ানো, এবং পরিবেশের জন্য উপকারী বিভিন্ন উপকরণ তৈরি করার পথ সুগম করছে। তবে, আরো কার্যকরী ও টেকসই ব্যবহার নিশ্চিত করার জন্য এটির গবেষণা এবং উন্নয়নের উপর আরও গুরুত্ব দেওয়া প্রয়োজন। পরবর্তী অধ্যায়ে

সবুজ ন্যানোপ্রযুক্তি

আমরা দেখব, কীভাবে সবুজ ন্যানোপ্রযুক্তির মাধ্যমে সাসটেইনেবল সমাজের দিকে ধাবিত হওয়া সম্ভব।

পঞ্চম অধ্যায়: সবুজ ন্যানোপ্রযুক্তি এবং মানবস্বাস্থ্য

৫.১ ভূমিকা

সবুজ ন্যানোপ্রযুক্তি শুধু পরিবেশের জন্যই নয়, বরং মানবস্বাস্থ্যের জন্যও গুরুত্বপূর্ণ ভূমিকা পালন করতে সক্ষম। ন্যানোস্কেল উপকরণ এবং প্রযুক্তিগুলি জীববিজ্ঞানের ক্ষেত্রে নতুন সম্ভাবনার জন্ম দিয়েছে, বিশেষ করে রোগ নির্ণয়, চিকিৎসা এবং স্বাস্থ্যসেবা খাতে। আধুনিক ন্যানোপ্রযুক্তি যেমন ডাক্তারি চিকিৎসায় সঠিক ঔষধের প্রয়োগ এবং রোগ প্রতিরোধে সহায়তা করছে, তেমনি এটি মানবদেহের ভেতরের অণুজীব এবং মলিকুলার স্তরে কাজ করতে সক্ষম।

এই অধ্যায়ে, আমরা বিশ্লেষণ করব কীভাবে সবুজ ন্যানোপ্রযুক্তি মানবস্বাস্থ্যের উন্নতির জন্য সহায়ক হতে পারে, কীভাবে সঠিক ঔষধ নির্ধারণে ন্যানোপ্রযুক্তি ভূমিকা রাখতে পারে, এবং এর দীর্ঘমেয়াদি প্রভাব কী হতে পারে।

৫.২ ন্যানোপ্রযুক্তির স্বাস্থ্যসেবায় ব্যবহার

ন্যানোপ্রযুক্তি স্বাস্থ্যসেবায় দ্রুত অগ্রগতি সাধন করেছে। আধুনিক চিকিৎসা প্রযুক্তিতে যেমন ন্যানোপার্টিকল, ডেলিভারি সিস্টেম, এবং ইমেজিং টেকনোলজির ব্যবহার ব্যাপকভাবে বাড়ছে। ন্যানোপার্টিকল বা ন্যানোস্কেল উপকরণগুলি, যেমন ন্যানোম্যাটেরিয়ালস, মেডিকেল ইমেজিং এবং চিকিৎসা সিস্টেমের ক্ষেত্রে বিশেষ ভূমিকা পালন করছে। উদাহরণস্বরূপ, ক্যান্সার চিকিৎসায় টার্গেটেড ড্রাগ ডেলিভারি সিস্টেমে ন্যানোপ্রযুক্তি ব্যবহৃত হচ্ছে, যা রোগের নির্দিষ্ট স্থানকেই লক্ষ্য করে কাজ করে এবং পাশের সুস্থ কোষগুলিকে অক্ষত রাখে।

এছাড়া, ন্যানোম্যাটেরিয়ালস যেমন সিলভার ন্যানোপার্টিকল জীবাণু প্রতিরোধে ব্যবহৃত হচ্ছে। এর antimicrobial গুণাবলি অনেক জীবাণু ও ভাইরাসের বিরুদ্ধে কার্যকরী।

স্বাস্থ্যসেবা সেক্টরে উন্নত বায়োডিটেকশন, ডায়াগনস্টিক টেস্ট, এবং মেডিকেল ইমেজিং টেকনোলজিতে ন্যানোপ্রযুক্তির ব্যবহার দ্রুত বৃদ্ধি পাচ্ছে।

৫.৩ টার্গেটেড ড্রাগ ডেলিভারি সিস্টেম

সবুজ ন্যানোপ্রযুক্তির একটি গুরুত্বপূর্ণ দিক হল টার্গেটেড ড্রাগ ডেলিভারি সিস্টেমের উন্নয়ন। এই প্রযুক্তির মাধ্যমে, ঔষধের কার্যকারিতা বাড়ানো সম্ভব, কারণ এটি নির্দিষ্ট কোষে পৌঁছানোর জন্য খুবই নির্দিষ্টভাবে কাজ করে। টার্গেটেড ডেলিভারি সিস্টেমে, ন্যানোস্কেল উপকরণগুলি রোগের অঙ্গ বা কোষের নির্দিষ্ট স্থানে পৌঁছে ঔষধ বা থেরাপি সরবরাহ করে।

উদাহরণস্বরূপ, ক্যান্সার চিকিৎসায়, ন্যানোস্কেল ড্রাগ ডেলিভারি সিস্টেম ব্যবহার করে, ক্যান্সারের কোষে ঔষধ পৌঁছানো হয়, যা আশেপাশের সুস্থ কোষগুলিকে আঘাত না করে শুধুমাত্র ক্যান্সার কোষকেই লক্ষ্য করে। এই প্রযুক্তি ক্যান্সার চিকিৎসা অনেক বেশি কার্যকরী এবং নিরাপদ করে তুলছে।

৫.৪ বায়োপ্রাসেসিং এবং চিকিৎসা

বায়োপ্রাসেসিং একটি নতুন দিগন্ত খুলে দিয়েছে চিকিৎসা খাতে, এবং এটি সবুজ ন্যানোপ্রযুক্তির একটি গুরুত্বপূর্ণ অংশ। বায়োপ্রাসেসিংয়ের মাধ্যমে, জীবাণু বা প্রকৃতিক উপকরণের মাধ্যমে ন্যানোস্কেল উপকরণ তৈরি করা হয়, যা পরিবেশবান্ধব এবং জীবাণু প্রতিরোধক। এই ধরনের উপকরণগুলি মানবদেহের জন্য সুরক্ষিত, এবং পাশাপাশি, এটি দীর্ঘমেয়াদি কোনো পার্শ্বপ্রতিক্রিয়া সৃষ্টি করে না।

বায়োপ্রাসেসিং ব্যবহার করে, চিকিৎসার ক্ষেত্রে এমন উপকরণ তৈরি করা হচ্ছে যা রোগ প্রতিরোধে সহায়তা করবে এবং চিকিৎসায় ব্যবহারযোগ্য, পরিবেশের ক্ষতি না করে। এটি বিশেষভাবে জৈবিক উপাদান তৈরি এবং পুনঃব্যবহারযোগ্য ন্যানোফার্মাসিউটিক্যালসের ক্ষেত্রে কার্যকর।

৫.৫ ন্যানোস্কেল সেন্সর এবং রোগ নির্ণয়

ন্যানোপ্রযুক্তির মাধ্যমে তৈরি সেন্সরগুলি রোগ নির্ণয়ের ক্ষেত্রে বিপ্লব এনেছে। ন্যানোস্কেল সেন্সরগুলি শরীরের অণুজীব এবং জীবাণু শনাক্ত করতে সক্ষম, এবং এটি দ্রুত এবং সঠিকভাবে রোগ নির্ণয়ে সহায়তা করে। এই সেন্সরগুলি, যেমন গ্লুকোজ সেন্সর বা ক্যান্সার মার্কার সেন্সর, রোগের পূর্বাভাস এবং রোগের পর্যবেক্ষণকে আরও নিখুঁত করে তুলছে।

এছাড়া, পরিবেশে বা শরীরে কোন ধরনের অস্বাভাবিকতা ঘটলে তা সনাক্ত করে রোগের ঝুঁকি এবং পরিস্থিতি সম্পর্কে আগেই সতর্ক করতে পারে। এটি চিকিৎসকদের দ্রুত সিদ্ধান্ত নেওয়ার ক্ষেত্রে সহায়ক।

৫.৬ মানবদেহে ন্যানোপ্রযুক্তির সুরক্ষা এবং ঝুঁকি

যদিও সবুজ ন্যানোপ্রযুক্তি মানবস্বাস্থ্য ও পরিবেশের জন্য অনেক সুবিধা এনে দিচ্ছে, তবুও এর সুরক্ষা এবং ঝুঁকি সংক্রান্ত কিছু চ্যালেঞ্জ রয়েছে। ন্যানোপ্রযুক্তির মানবদেহে দীর্ঘমেয়াদি প্রভাব সম্পর্কে আরও বিস্তারিত গবেষণা প্রয়োজন। কিছু ন্যানোম্যাটেরিয়াল শরীরের ভিতরে ঢুকে গিয়ে কিভাবে প্রতিকূল প্রভাব ফেলতে পারে, তা সম্পর্কে স্পষ্ট তথ্য এখনও খুবই সীমিত।

ন্যানোস্কেল উপকরণগুলি যখন শরীরে প্রবাহিত হয়, তখন তারা টিস্যু বা কোষে প্রবেশ করে ক্ষতিকর প্রভাব ফেলতে পারে, বিশেষ করে যখন তা অতিরিক্ত পরিমাণে ব্যবহৃত হয়। তাই, এসব উপকরণের নিরাপত্তা এবং সুরক্ষা নিশ্চিত করতে দীর্ঘমেয়াদি পরীক্ষা ও মনিটরিং প্রয়োজন।

৫.৭ উপসংহার

সবুজ ন্যানোপ্রযুক্তি মানবস্বাস্থ্য ক্ষেত্রে একটি নতুন যুগের সূচনা করেছে। এই প্রযুক্তি শুধুমাত্র চিকিৎসার ক্ষেত্রে উন্নতি এনে দিচ্ছে না, বরং রোগ নির্ণয়, চিকিৎসা পদ্ধতি এবং সুস্থ জীবনধারা নিশ্চিত করতে বড় ধরনের সহায়ক ভূমিকা পালন করছে। তবে, এর ব্যবহারের ফলে স্বাস্থ্যগত কোনো ক্ষতি না হয়, তা নিশ্চিত করার জন্য আরও গভীর

সবুজ ন্যানোপ্রযুক্তি

গবেষণা এবং নিরাপত্তা ব্যবস্থার প্রয়োজন রয়েছে। পরবর্তী অধ্যায়ে আমরা দেখব, কীভাবে সবুজ ন্যানোপ্রযুক্তি পরিবেশ রক্ষায় সহায়ক ভূমিকা পালন করতে পারে।

ষষ্ঠ অধ্যায়: সবুজ ন্যানোপ্রযুক্তি এবং পরিবেশ রক্ষা

৬.১ ভূমিকা

প্রাকৃতিক পরিবেশের সুরক্ষা এবং উন্নয়নের জন্য সবুজ ন্যানোপ্রযুক্তি এক বিশেষ অবদান রাখতে পারে। পৃথিবীর প্রাকৃতিক সম্পদ হ্রাস এবং পরিবেশ দূষণের কারণে আমাদের বেঁচে থাকার পরিবেশের ক্ষতি হচ্ছে, যা আমাদের আগামী প্রজন্মের জন্য বড় ধরনের চ্যালেঞ্জ সৃষ্টি করছে। এই পরিস্থিতিতে, সবুজ ন্যানোপ্রযুক্তি পরিবেশ রক্ষায় কার্যকরী ভূমিকা রাখতে পারে, যেমন এটি দূষণ কমাতে, শক্তির সাশ্রয় করতে এবং প্রাকৃতিক সম্পদের টেকসই ব্যবহারে সহায়ক হতে পারে।

এই অধ্যায়ে আমরা আলোচনা করব কিভাবে সবুজ ন্যানোপ্রযুক্তি পরিবেশের উপর প্রভাব ফেলে এবং কীভাবে এটি পরিবেশ রক্ষায় কার্যকরী হতে পারে। এছাড়া, এর সুবিধা ও চ্যালেঞ্জগুলিও পর্যালোচনা করব।

৬.২ সবুজ ন্যানোপ্রযুক্তি এবং দূষণ নিয়ন্ত্রণ

বিশ্বব্যাপী পরিবেশ দূষণ বর্তমানে একটি বড় সমস্যা হয়ে দাঁড়িয়েছে। শিল্প ও যানবাহন থেকে নিঃসৃত গ্যাস, প্লাস্টিকের বর্জ্য এবং ভারী ধাতুর কারণে আমাদের পরিবেশ মারাত্মকভাবে ক্ষতিগ্রস্ত হচ্ছে। এই দূষণ থেকে মুক্তির জন্য সবুজ ন্যানোপ্রযুক্তি একটি সম্ভাবনাময় সমাধান হিসেবে উঠে এসেছে।

ন্যানোম্যাটেরিয়ালস যেমন কাচ, সিলিকন, গ্রাফিন, এবং সোনালি ন্যানোপার্টিকল পরিবেশ থেকে বিষাক্ত পদার্থ শোষণ করতে সক্ষম। এটি রাসায়নিক দূষণ এবং ভারী ধাতু দূষণ প্রতিরোধে ব্যবহৃত হচ্ছে। উদাহরণস্বরূপ, সোনাল ন্যানোপার্টিকলগুলি জল থেকে পেট্রোলিয়াম ও অন্যান্য বিষাক্ত রাসায়নিক দ্রব্য শোষণ করতে সক্ষম, যা জলবাহিত দূষণ কমাতে সহায়তা করে। এই প্রযুক্তি জীবাণু এবং ভারী ধাতুর দূষণও রোধ করতে পারে, যা অনেক স্বাস্থ্য সমস্যা সৃষ্টি করে।

৬.৩ সবুজ ন্যানোপ্রযুক্তি এবং পুনর্ব্যবহারযোগ্য উপকরণ

পরিবেশ রক্ষার আরেকটি দিক হলো পুনর্ব্যবহারযোগ্য উপকরণ তৈরি করা। প্লাস্টিক এবং অন্যান্য একক ব্যবহারের উপকরণের পরিমাণ দ্রুত বৃদ্ধি পাচ্ছে, যা পরিবেশের উপর বিরূপ প্রভাব ফেলছে। সবুজ ন্যানোপ্রযুক্তি এসব উপকরণের পুনঃব্যবহার এবং পুনঃপ্রক্রিয়াকরণে সাহায্য করতে পারে।

ন্যানোপ্রযুক্তি ব্যবহারের মাধ্যমে, পরিবেশবান্ধব, পুনর্ব্যবহারযোগ্য উপকরণ তৈরি করা সম্ভব হয়েছে। উদাহরণস্বরূপ, ন্যানোম্যাটেরিয়ালস যেমন গ্রাফিন, বায়োডিগ্রেডেবল প্লাস্টিক, এবং পুনঃপ্রক্রিয়াকৃত পলিমারগুলি পরিবেশের ওপর কম চাপ ফেলে, কারণ এগুলি সহজে মাটিতে মিশে যায় এবং পরিবেশে দূষণ তৈরি করে না। এ ছাড়া, এইসব উপকরণ অধিক শক্তিশালী এবং টেকসই, যা দীর্ঘমেয়াদী ব্যবহার নিশ্চিত করে।

৬.৪ সবুজ ন্যানোপ্রযুক্তি এবং শক্তির সাশ্রয়

শক্তির সাশ্রয়ও পরিবেশের জন্য অত্যন্ত গুরুত্বপূর্ণ। সবুজ ন্যানোপ্রযুক্তি শক্তির দক্ষতা বাড়ানোর ক্ষেত্রে বিশেষ ভূমিকা রাখতে পারে। ন্যানোস্কেল উপকরণ এবং প্রযুক্তি শক্তির উৎপাদন ও ব্যবহারের প্রক্রিয়া আরও কার্যকর এবং পরিবেশবান্ধব করে তুলতে পারে।

ন্যানোপ্রযুক্তির মাধ্যমে সোলার প্যানেলের দক্ষতা বৃদ্ধি করা সম্ভব হয়েছে, যা পরিবেশের ওপর চাপ কমিয়ে শক্তির পুনঃনবীকরণযোগ্য উৎস থেকে শক্তি উৎপাদন করতে সহায়তা করছে। ন্যানোস্কেল টিউব বা ফিল্ম ব্যবহার করে সৌর শক্তি শোষণের ক্ষমতা বৃদ্ধি এবং শক্তির ব্যবহারে সাশ্রয় সাধন করা সম্ভব। এ ছাড়াও, শক্তির সঞ্চয়ের জন্য সেরা উপকরণ এবং প্রযুক্তি উদ্ভাবন করা সম্ভব হয়েছে।

৬.৫ সবুজ ন্যানোপ্রযুক্তি এবং জলসংরক্ষণ

জলসংরক্ষণও বর্তমান যুগে একটি গুরুত্বপূর্ণ সমস্যা হয়ে দাঁড়িয়েছে। ন্যানোপ্রযুক্তি জল পরিশোধন এবং সংরক্ষণে বিশেষ ভূমিকা পালন করতে পারে। ন্যানোফিল্টার এবং ন্যানোপার্টিকল ব্যবহারের মাধ্যমে দূষিত পানি শোধন করা সহজ হয়েছে। এই প্রযুক্তির

মাধ্যমে, নানা ধরনের রাসায়নিক ও জীবাণু দূষিত পানি থেকে সরিয়ে ফেলা সম্ভব, যা নিরাপদ পানীয় জল উৎপাদনে সাহায্য করছে।

ন্যানোফিল্টার সিস্টেমগুলি দূষিত জল থেকে ধাতু, পেস্টিসাইড, এবং অন্যান্য বিষাক্ত পদার্থ সহজেই অপসারণ করতে সক্ষম। এই প্রযুক্তি জলসংকট মোকাবেলায় গুরুত্বপূর্ণ ভূমিকা রাখছে, বিশেষত উন্নয়নশীল দেশে যেখানে পরিষ্কার পানির অভাব রয়েছে।

৬.৬ সবুজ ন্যানোপ্রযুক্তির সামাজিক এবং অর্থনৈতিক প্রভাব

যদিও সবুজ ন্যানোপ্রযুক্তি পরিবেশের জন্য ব্যাপক সুবিধা নিয়ে এসেছে, তবে এর সামাজিক এবং অর্থনৈতিক প্রভাবও বিশ্লেষণ করা প্রয়োজন। নতুন প্রযুক্তি সংক্রান্ত শিক্ষা এবং প্রশিক্ষণ প্রক্রিয়া, কর্মসংস্থান সৃষ্টি, এবং ন্যানোপ্রযুক্তি সম্পর্কিত উদ্যোগগুলো সমাজের মধ্যে নতুন সম্ভাবনার সৃষ্টি করতে পারে।

যত বেশি নতুন প্রযুক্তি বাজারে আসবে, তত বেশি প্রয়োজনীয়তা হবে দক্ষ মানবসম্পদের। ফলে, সবুজ ন্যানোপ্রযুক্তির বিকাশের সঙ্গে সঙ্গেই নতুন কর্মসংস্থান এবং অর্থনৈতিক উন্নতি হতে পারে। তবে, এই প্রযুক্তির বিস্তারও নতুন চ্যালেঞ্জ সৃষ্টি করতে পারে, যেমন নির্দিষ্ট নীতিমালা এবং নিরাপত্তা ব্যবস্থা তৈরির প্রয়োজন, যা প্রযুক্তির নিরাপদ এবং সুষ্ঠু ব্যবহারের নিশ্চিত করবে।

৬.৭ উপসংহার

সবুজ ন্যানোপ্রযুক্তি পরিবেশ রক্ষায় এক গুরুত্বপূর্ণ ভূমিকা পালন করছে এবং এটি একটি টেকসই ভবিষ্যতের দিকে যাত্রার পথ প্রশস্ত করেছে। পরিবেশ দূষণ নিয়ন্ত্রণ, শক্তি সাশ্রয়, পুনর্ব্যবহারযোগ্য উপকরণ এবং জল সংরক্ষণে ন্যানোপ্রযুক্তির ব্যবহার থেকে প্রচুর সম্ভাবনা এবং সুবিধা পাওয়া যাচ্ছে। তবে, এর দীর্ঘমেয়াদী প্রভাব এবং ঝুঁকিগুলিও যাচাই করা প্রয়োজন। এই প্রযুক্তি পরিবেশ এবং মানব সমাজের জন্য আরও কার্যকরী হতে পারে, যদি এটি সঠিকভাবে পরিচালিত এবং নিয়ন্ত্রিত হয়।

পরবর্তী অধ্যায়ে, আমরা আলোচনা করব সবুজ ন্যানোপ্রযুক্তির ভবিষ্যত সম্ভাবনা এবং চ্যালেঞ্জগুলি কীভাবে মোকাবেলা করা যাবে।

সপ্তম অধ্যায়: সবুজ ন্যানোপ্রযুক্তি এবং শিল্পের ভবিষ্যত

৭.১ ভূমিকা

সবুজ ন্যানোপ্রযুক্তি এখন আর শুধুমাত্র গবেষণাগার বা পরীক্ষামূলক পর্যায়ে নেই। এটি এখন শিল্পখাতে দ্রুত প্রবেশ করছে এবং শিল্পের কার্যক্রমে এক নতুন যুগের সূচনা করছে। উন্নত উৎপাদন প্রক্রিয়া, টেকসই উপকরণের ব্যবহার, এবং পরিবেশবান্ধব সমাধান প্রদান করতে সবুজ ন্যানোপ্রযুক্তি ব্যাপকভাবে ব্যবহৃত হচ্ছে। এই অধ্যায়ে আমরা আলোচনা করব কিভাবে সবুজ ন্যানোপ্রযুক্তি শিল্পের বিভিন্ন সেক্টরে রূপান্তর ঘটাতে পারে এবং এই প্রযুক্তি কীভাবে বৃহত্তর শিল্প উন্নয়নের দিকে পথ প্রশস্ত করছে।

৭.২ সবুজ ন্যানোপ্রযুক্তির ভূমিকা উৎপাদন শিল্পে

ন্যানোপ্রযুক্তি উৎপাদন শিল্পে ব্যাপক পরিবর্তন আনতে সক্ষম। বিশেষত, সবুজ ন্যানোপ্রযুক্তি ব্যবহারের ফলে উৎপাদন প্রক্রিয়া অধিক পরিবেশবান্ধব ও সাশ্রয়ী হয়ে উঠছে। উদাহরণস্বরূপ, ন্যানোস্কেল মেটেরিয়ালস যেমন গ্রাফিন এবং কার্বন ন্যানোটিউব ব্যবহার করে শক্তিশালী এবং হালকা উপকরণ তৈরি করা যাচ্ছে, যা কম শক্তি খরচে দীর্ঘস্থায়ী এবং কার্যকরী।

এছাড়া, সবুজ ন্যানোপ্রযুক্তি ব্যবহার করে পুনঃপ্রক্রিয়াকৃত উপকরণের উৎপাদনও সহজ হচ্ছে। পরিবেশবান্ধব কেমিক্যালস এবং প্রাকৃতিক উপকরণ ব্যবহার করে ন্যানোপ্রযুক্তি সমৃদ্ধ উপকরণ তৈরি করা সম্ভব হচ্ছে, যা প্লাস্টিক বা পেট্রোকেমিক্যালসের উপর নির্ভরতা কমিয়ে আনে।

৭.৩ সবুজ ন্যানোপ্রযুক্তি এবং শক্তির উৎপাদন

শক্তির উৎপাদন শিল্পে ন্যানোপ্রযুক্তির প্রয়োগ এক নতুন দিগন্ত উন্মোচন করেছে। সৌর শক্তি, জিওথার্মাল শক্তি, এবং অন্যান্য নবায়নযোগ্য শক্তি উৎসের ক্ষেত্রে ন্যানোপ্রযুক্তি শক্তির কার্যকারিতা এবং দক্ষতা বৃদ্ধি করেছে। সোলার প্যানেলগুলোর সক্ষমতা বৃদ্ধির জন্য ন্যানোফটোনিক্স এবং ন্যানোস্কেল কোটিং প্রযুক্তি ব্যবহৃত হচ্ছে, যা সূর্যের আলো শোষণ এবং শক্তিতে রূপান্তরকে আরও কার্যকরী করে।

ন্যানোপ্রযুক্তি ব্যবহারের মাধ্যমে শক্তির ভান্ডার সংরক্ষণেও বিপ্লব ঘটানো সম্ভব হয়েছে। শক্তির সংরক্ষণে লিথিয়াম আয়ন ব্যাটারি এবং অন্যান্য ন্যানোপ্রযুক্তি সমৃদ্ধ ব্যাটারির ব্যবহার বৃদ্ধি পেয়েছে, যা দীর্ঘমেয়াদী কার্যকারিতা এবং দ্রুত চার্জিং সুবিধা প্রদান করে। এর ফলে, পুনঃনবীকরণযোগ্য শক্তির ব্যবহারকে আরও কার্যকর এবং সাশ্রয়ী করা সম্ভব হচ্ছে।

৭.৪ সবুজ ন্যানোপ্রযুক্তি এবং কৃষি শিল্প

কৃষি শিল্পে সবুজ ন্যানোপ্রযুক্তির ব্যবহার ব্যাপকভাবে বৃদ্ধি পেয়েছে। মাটির উর্বরা শক্তি বৃদ্ধি এবং রোগ-বালাই প্রতিরোধে ন্যানোপ্রযুক্তি সমৃদ্ধ সারের ব্যবহার কৃষকদের জন্য এক গুরুত্বপূর্ণ দিক হয়ে দাঁড়িয়েছে। এ ছাড়া, ন্যানোস্কেল উপকরণগুলি জীবাণু এবং পেস্টিসাইডের বিকল্প হিসেবে কাজ করে, যা পরিবেশে ক্ষতিকর রাসায়নিক ব্যবহারের পরিমাণ কমিয়ে দেয়।

ন্যানোপ্রযুক্তি ব্যবহারের মাধ্যমে কৃষিতে সেচ ব্যবস্থাও উন্নত করা সম্ভব হয়েছে। ন্যানোফিল্টার সিস্টেমের মাধ্যমে জল বিশুদ্ধকরণ এবং সঠিক মাত্রায় সেচ প্রদান কৃষিতে উৎপাদন বৃদ্ধি করতে সহায়তা করছে। এই প্রযুক্তির মাধ্যমে জল এবং ভূমির সাশ্রয়ী ব্যবহার নিশ্চিত করা সম্ভব হচ্ছে, যা জল সংকট মোকাবেলায় কার্যকরী ভূমিকা রাখছে।

৭.৫ সবুজ ন্যানোপ্রযুক্তি এবং স্বাস্থ্য শিল্প

স্বাস্থ্যখাতে সবুজ ন্যানোপ্রযুক্তির অবদান উল্লেখযোগ্য। ন্যানোস্কেল ড্রাগ ডেলিভারি সিস্টেম, টিস্যু ইঞ্জিনিয়ারিং, এবং বায়োসেন্সর প্রযুক্তি স্বাস্থ্যসেবা ক্ষেত্রকে একটি নতুন দিগন্তে নিয়ে গেছে। সবুজ ন্যানোপ্রযুক্তি পরিবেশবান্ধব এবং নিরাপদ উপকরণ ব্যবহার করে এই প্রযুক্তিগুলি তৈরি করছে, যা রোগীর জন্য কম পার্শ্বপ্রতিক্রিয়া এবং অধিক কার্যকারিতা নিশ্চিত করে।

ন্যানোপার্টিকলগুলি ডাক্তারদের রোগ নির্ণয়ে সহায়তা করে, কারণ এগুলি বিশেষত নির্দিষ্ট কোষ বা টিস্যুতে প্রবেশ করতে পারে। এটি ক্যান্সার সেল বা অন্য বিপজ্জনক কোষগুলির অবস্থান সনাক্ত করতে সাহায্য করে এবং চিকিৎসা প্রক্রিয়াকে আরও দ্রুত এবং কার্যকরী করে তোলে।

৭.৬ সবুজ ন্যানোপ্রযুক্তি এবং পরিবহন শিল্প

পরিবহন শিল্পেও সবুজ ন্যানোপ্রযুক্তির ব্যাপক ভূমিকা রয়েছে। ন্যানোপ্রযুক্তির মাধ্যমে উন্নত ব্যাটারি এবং শক্তির সাশ্রয়ী পদ্ধতি আবিষ্কৃত হয়েছে, যা বৈদ্যুতিক গাড়ির কার্যকারিতা এবং দূষণ কমাতে সাহায্য করছে। উদাহরণস্বরূপ, উন্নত লিথিয়াম আয়ন ব্যাটারি প্রযুক্তি এবং শক্তিশালী ন্যানোপ্রযুক্তি সমৃদ্ধ ইঞ্জিন কৌশল পরিবহন ব্যবস্থাকে আরও সাশ্রয়ী এবং পরিবেশবান্ধব করে তুলছে।

এছাড়া, সবুজ ন্যানোপ্রযুক্তি ব্যবহার করে গাড়ির হালকা ও শক্তিশালী উপকরণ তৈরি করা যাচ্ছে, যা পেট্রোল বা ডিজেল চালিত যানবাহনের তুলনায় কম শক্তি ব্যবহার করে এবং পরিবেশে ক্ষতিকর গ্যাস নিঃসরণ কমিয়ে দেয়।

৭.৭ সবুজ ন্যানোপ্রযুক্তির চ্যালেঞ্জ এবং ভবিষ্যৎ

যদিও সবুজ ন্যানোপ্রযুক্তি শিল্পখাতে ব্যাপক সুবিধা নিয়ে এসেছে, তবুও কিছু চ্যালেঞ্জ মোকাবেলা করতে হবে। সবচেয়ে বড় চ্যালেঞ্জ হলো এই প্রযুক্তির ব্যাপক উৎপাদন এবং সাশ্রয়ী মূল্য নির্ধারণ। ন্যানোপ্রযুক্তির উৎপাদন খরচ এখনও কিছুটা বেশি, যা সামগ্রিকভাবে

বাজারে এর প্রবৃদ্ধি বাধাগ্রস্ত করছে। তবে, প্রযুক্তির উন্নয়ন এবং গবেষণার মাধ্যমে এই খরচ কমিয়ে আনা সম্ভব হতে পারে।

এছাড়া, সবুজ ন্যানোপ্রযুক্তির দীর্ঘমেয়াদী প্রভাব এবং নিরাপত্তা সম্পর্কিত আরো গবেষণার প্রয়োজন রয়েছে। এটি সুনিশ্চিত করবে যে, প্রযুক্তি মানবজাতি এবং পরিবেশের জন্য নিরাপদ এবং উপকারী হবে।

৭.৮ উপসংহার

সবুজ ন্যানোপ্রযুক্তি শিল্পের বিভিন্ন সেক্টরে নতুন সম্ভাবনা সৃষ্টি করেছে এবং এটি বিশ্বব্যাপী টেকসই শিল্পের ভবিষ্যৎ রূপে প্রতিষ্ঠিত হচ্ছে। এটি উৎপাদন, কৃষি, পরিবহন, স্বাস্থ্য, শক্তি, এবং অন্যান্য খাতে বিপ্লব ঘটাচ্ছে। যদিও প্রযুক্তির বিস্তার এবং উন্নতির সাথে কিছু চ্যালেঞ্জ রয়েছে, তবে এটি মানবজাতির জন্য আরও সাশ্রয়ী, কার্যকরী এবং পরিবেশবান্ধব ভবিষ্যৎ নিশ্চিত করতে সহায়ক হবে।

পরবর্তী অধ্যায়ে, আমরা সবুজ ন্যানোপ্রযুক্তির উন্নয়ন ও তার সামাজিক ও অর্থনৈতিক প্রভাব নিয়ে আলোচনা করব।

অষ্টম অধ্যায়: সবুজ ন্যানোপ্রযুক্তি এবং সামাজিক ও অর্থনৈতিক প্রভাব

৮.১ ভূমিকা

সবুজ ন্যানোপ্রযুক্তি শুধু প্রযুক্তিগত উন্নতির ক্ষেত্রেই বিপ্লব সৃষ্টি করছে না, বরং এর সামাজিক ও অর্থনৈতিক প্রভাবও বিশাল। এই প্রযুক্তি যদি সঠিকভাবে ব্যবহার করা যায়, তবে তা সামাজিক অবকাঠামো, কর্মসংস্থান, শিক্ষা, এবং অর্থনৈতিক প্রবৃদ্ধির ক্ষেত্রে গুরুত্বপূর্ণ ভূমিকা পালন করতে পারে। এই অধ্যায়ে আমরা আলোচনা করব কীভাবে সবুজ ন্যানোপ্রযুক্তি সামাজিক সমতা নিশ্চিত করতে পারে, কিভাবে এটি কর্মসংস্থান সৃষ্টি করতে সাহায্য করে এবং এর কারণে উদ্ভূত অর্থনৈতিক পরিবর্তনগুলি কীভাবে সমাজের বিভিন্ন স্তরে প্রভাব ফেলতে পারে।

৮.২ সবুজ ন্যানোপ্রযুক্তি এবং কর্মসংস্থান

সবুজ ন্যানোপ্রযুক্তির বিস্তার নতুন কর্মসংস্থানের সুযোগ সৃষ্টি করছে। উৎপাদন, পরিবহন, স্বাস্থ্যসেবা, এবং কৃষি খাতের বিভিন্ন বিভাগে নতুন প্রযুক্তি এবং ইনোভেশন আসছে, যা নতুন দক্ষতা এবং প্রশিক্ষণপ্রাপ্ত কর্মী প্রয়োজনীয় করে তুলছে। ন্যানোপ্রযুক্তির উন্নয়ন এবং প্রয়োগের ফলে নতুন পেশার উত্থান ঘটছে যেমন ন্যানোমেটেরিয়ালস বিশেষজ্ঞ, ন্যানোইঞ্জিনিয়ার, এবং ন্যানোপ্রযুক্তি গবেষক।

এই প্রযুক্তির মাধ্যমে পৃথিবীজুড়ে নতুন শুরুর সুযোগ তৈরি হচ্ছে। উন্নত প্রযুক্তি ও গবেষণার মাধ্যমে ছোট ও মাঝারি শিল্প প্রতিষ্ঠানগুলোও লাভবান হতে পারে, যা কম খরচে আরও উন্নত মানের পণ্য উৎপাদন করতে সক্ষম হবে। এর ফলে, বেকারত্বের হার কমানো এবং অর্থনৈতিক উন্নতি সম্ভব হতে পারে।

৮.৩ সবুজ ন্যানোপ্রযুক্তি এবং সামাজিক সমতা

সবুজ ন্যানোপ্রযুক্তি পরিবেশবান্ধব এবং টেকসই উপকরণের ব্যবহারের মাধ্যমে সামাজিক সমতা নিশ্চিত করতে পারে। এই প্রযুক্তি মানবজাতির জন্য শুধু উন্নত জীবনযাত্রা নয়, বরং বিশ্বের সকল অঞ্চলের জন্য উন্নতি ও সমতা নিয়ে আসতে পারে। উদাহরণস্বরূপ, সবুজ ন্যানোপ্রযুক্তির মাধ্যমে উন্নত সেচ ব্যবস্থা এবং টেকসই কৃষির উন্নয়ন সারা বিশ্বে খাদ্য নিরাপত্তা বৃদ্ধি করতে সাহায্য করছে, বিশেষ করে উন্নয়নশীল দেশে।

এছাড়া, কম দামে উন্নত স্বাস্থ্যসেবা প্রাপ্তি, জল-সংকট সমাধান, এবং পরিবেশগত বিপর্যয় রোধের মাধ্যমে কমপক্ষে শ্রমিক ও দরিদ্র জনগণের জীবনযাত্রার মান উন্নয়ন ঘটানো সম্ভব হচ্ছে। সামাজিক ও অর্থনৈতিক বৈষম্য হ্রাসে এই প্রযুক্তির ব্যবহারের গুরুত্ব অপরিসীম।

৮.৪ সবুজ ন্যানোপ্রযুক্তি এবং অর্থনৈতিক প্রবৃদ্ধি

সবুজ ন্যানোপ্রযুক্তি শুধু সামাজিক উন্নতিই নয়, বরং অর্থনৈতিক প্রবৃদ্ধিরও একটি গুরুত্বপূর্ণ উৎস। প্রযুক্তি উদ্ভাবন এবং উদ্ভাবনী শিল্পের প্রসারণ অর্থনীতির বিভিন্ন খাতে যেমন শক্তি, স্বাস্থ্য, পরিবহন, এবং কৃষিতে বিপুল পরিমাণ রাজস্ব অর্জন করতে সহায়ক হতে পারে। এই প্রযুক্তির প্রতি বিনিয়োগ স্থানীয় এবং আন্তর্জাতিক বাজারে নতুন পণ্য ও সেবা তৈরি করবে, যা স্থানীয় অর্থনীতিতে বড় ধরনের পরিবর্তন আনবে।

বিশ্বব্যাপী সবুজ ন্যানোপ্রযুক্তি সেক্টরে বিনিয়োগ বৃদ্ধির ফলে নতুন অর্থনৈতিক অঞ্চল গড়ে উঠছে। উন্নত দেশের পাশাপাশি উন্নয়নশীল দেশগুলোও এই প্রযুক্তির মাধ্যমে টেকসই অর্থনৈতিক উন্নতি অর্জন করতে পারে। এক্ষেত্রে, প্রযুক্তির উন্নয়ন ও গবেষণা ক্ষমতা বৃদ্ধি, বৈশ্বিক বাণিজ্য সম্প্রসারণ, এবং পরিবেশবান্ধব ব্যবসায়িক কার্যক্রম বৃদ্ধির ফলে বিশাল পরিমাণ অর্থনৈতিক লাভ হতে পারে।

৮.৫ সবুজ ন্যানোপ্রযুক্তির সামাজিক ও অর্থনৈতিক চ্যালেঞ্জ

যদিও সবুজ ন্যানোপ্রযুক্তি বেশ কিছু ইতিবাচক প্রভাব তৈরি করতে পারে, তবুও এর কিছু সামাজিক এবং অর্থনৈতিক চ্যালেঞ্জ রয়েছে। প্রথমত, প্রযুক্তির দ্রুত পরিবর্তন এবং নতুন নতুন উদ্ভাবনের ফলে কিছু অঞ্চলের শ্রমিকরা এই পরিবর্তনের সঙ্গে খাপ খাওয়াতে পারে না, যা সামাজিক অসামঞ্জস্য এবং বেকারত্ব বাড়াতে পারে। তাই, এ ধরনের প্রযুক্তির প্রবর্তনে যথাযথ প্রশিক্ষণ এবং পুনঃপ্রশিক্ষণ ব্যবস্থা গড়ে তোলা জরুরি।

এছাড়া, সবুজ ন্যানোপ্রযুক্তি সব জায়গায় সমানভাবে পৌঁছাতে সক্ষম নয়, বিশেষ করে দরিদ্র অঞ্চলগুলোতে। যদি এই প্রযুক্তির সুবিধা সবার কাছে না পৌঁছায়, তাহলে এটি সামাজিক বৈষম্য আরও বাড়াতে পারে। তাই সরকার এবং আন্তর্জাতিক সম্প্রদায়ের সহায়তায় প্রযুক্তির বৈষম্য দূর করার প্রচেষ্টা চালাতে হবে।

৮.৬ সবুজ ন্যানোপ্রযুক্তির ভবিষ্যৎ সম্ভাবনা

সবুজ ন্যানোপ্রযুক্তি ভবিষ্যতে সামাজিক এবং অর্থনৈতিক ক্ষেত্রে গুরুত্বপূর্ণ পরিবর্তন আনবে। যদি সঠিকভাবে ব্যবহৃত হয়, তবে এটি পরিবেশগত বিপর্যয় রোধ, কর্মসংস্থান সৃষ্টি, এবং অর্থনৈতিক সমৃদ্ধি অর্জনের ক্ষেত্রে গুরুত্বপূর্ণ ভূমিকা পালন করতে পারে। উদ্ভাবনী এবং টেকসই প্রযুক্তির মাধ্যমে আমাদের সমাজকে আরও সমৃদ্ধ এবং ন্যায্য করার সুযোগ রয়েছে।

তবে, এই প্রযুক্তির গ্রহণযোগ্যতা এবং সফল বাস্তবায়ন নির্ভর করবে সরকারের নীতি, শিক্ষা প্রতিষ্ঠান, এবং শিল্প প্রতিষ্ঠানের সমন্বিত প্রচেষ্টার উপর। যদি সকল অংশীদার একযোগে কাজ করে, তবে আগামীতে সবুজ ন্যানোপ্রযুক্তি বিশ্বব্যাপী উন্নতির এক গুরুত্বপূর্ণ উৎস হতে পারে।

৮.৭ উপসংহার

সবুজ ন্যানোপ্রযুক্তি শুধু পরিবেশ এবং স্বাস্থ্য খাতের উন্নতির জন্যই নয়, বরং এটি সমাজের অর্থনৈতিক এবং সামাজিক স্তরে বৃহত্তর প্রভাব ফেলতে সক্ষম। এর মাধ্যমে সৃষ্ট

সবুজ ন্যানোপ্রযুক্তি

কর্মসংস্থান, অর্থনৈতিক প্রবৃদ্ধি এবং সামাজিক সমতা আগামী দিনের উন্নত পৃথিবী গঠনে সহায়ক হবে। তবে, এই প্রযুক্তির সঠিক প্রয়োগ এবং এর বিস্তার সমাজের সকল স্তরে পৌঁছানোর জন্য আন্তর্জাতিক সহযোগিতা এবং সমন্বয়ের প্রয়োজন।

পরবর্তী অধ্যায়ে, আমরা সবুজ ন্যানোপ্রযুক্তির ভবিষ্যৎ গবেষণা এবং উন্নয়ন নিয়ে আলোচনা করব।

নবম অধ্যায়: সবুজ ন্যানোপ্রযুক্তির ভবিষ্যৎ গবেষণা এবং উন্নয়ন

৯.১ ভূমিকা

সবুজ ন্যানোপ্রযুক্তির ভবিষ্যৎ উন্নয়ন এবং গবেষণায় বড় ধরনের সম্ভাবনা রয়েছে। আধুনিক প্রযুক্তির প্রতিনিয়ত পরিবর্তনের সাথে সাথে ন্যানোপ্রযুক্তি ক্ষেত্রেও নতুন নতুন উদ্ভাবন ঘটছে, যা পরিবেশ, স্বাস্থ্য এবং অর্থনীতির উপর গভীর প্রভাব ফেলতে পারে। এই অধ্যায়ে আমরা সবুজ ন্যানোপ্রযুক্তির ভবিষ্যৎ গবেষণা, উদ্ভাবন এবং এর বিভিন্ন দিক নিয়ে আলোচনা করব, যা পৃথিবীকে আরও টেকসই এবং পরিবেশবান্ধব করতে সাহায্য করবে।

৯.২ সবুজ ন্যানোপ্রযুক্তির ভবিষ্যত গবেষণা ক্ষেত্রে প্রধান দিকগুলো

সবুজ ন্যানোপ্রযুক্তির গবেষণা আগামী দিনে আরও বিস্তৃত হবে এবং এর বেশ কয়েকটি গুরুত্বপূর্ণ ক্ষেত্র উন্মোচিত হতে পারে। এই গবেষণার কিছু মূল ক্ষেত্র হলো:

1. **ন্যানো-ম্যাটেরিয়ালস এবং তাদের পরিবেশগত প্রভাব:** নতুন ন্যানো-ম্যাটেরিয়ালস, যেমন শক্তিশালী এবং পরিবেশবান্ধব উপকরণ, যা জ্বালানি সাশ্রয়ী এবং পুনঃব্যবহারযোগ্য, তাদের গবেষণায় গুরুত্ব দেওয়া হবে। এই উপকরণগুলোর পরিবেশগত প্রভাব কমাতে এবং পুনঃপ্রক্রিয়াকরণের সক্ষমতা বৃদ্ধি করতে গবেষণা চলবে।

2. **ন্যানোফিল্টার প্রযুক্তি:** পানির শোধন এবং বায়ু পরিশোধনে ন্যানোফিল্টার প্রযুক্তির ব্যবহার ক্রমশ বৃদ্ধি পাচ্ছে। গবেষকদের লক্ষ্য থাকবে আরও কার্যকর এবং পরিবেশবান্ধব ফিল্টার তৈরি করা, যা দূষণ নিয়ন্ত্রণে গুরুত্বপূর্ণ ভূমিকা পালন করবে।

3. **কৃষিতে ন্যানোপ্রযুক্তি:** কৃষিতে সবুজ ন্যানোপ্রযুক্তি প্রয়োগের মাধ্যমে উন্নত সেচ ব্যবস্থাপনা, পেস্টিসাইডের কম ব্যবহার, এবং খাদ্য নিরাপত্তা বৃদ্ধি করা সম্ভব হবে। আগামী দিনে কৃষিক্ষেত্রে এই প্রযুক্তির আরও গভীর গবেষণা এবং প্রয়োগ হবে।

4. **ন্যানো-প্রযুক্তির স্বাস্থ্যসেবায় ব্যবহার:** নতুন ধরণের ন্যানো-ড্রাগ ডেলিভারি সিস্টেম এবং সেলুলার স্তরে রোগ নির্ণয় ও চিকিৎসা কৌশলগুলির উন্নতি সম্ভব হবে। ভবিষ্যতে ক্যান্সার, ডায়াবেটিস, এবং অন্যান্য দীর্ঘমেয়াদি রোগের চিকিৎসায় ন্যানোপ্রযুক্তির ব্যবহার বৃদ্ধি পাবে।

5. **সবুজ ন্যানোপ্রযুক্তির এনার্জি সঞ্চয়:** সাশ্রয়ী এবং টেকসই শক্তির উৎস হিসেবে নতুন ধরনের ন্যানো-ব্যাটারি এবং সুপারক্যাপাসিটর তৈরির ক্ষেত্রে গবেষণা চলবে। এসব প্রযুক্তি সঠিকভাবে প্রয়োগ হলে শক্তির সঞ্চয় ও ব্যবহারের ক্ষেত্রে বিপ্লব আসবে।

৯.৩ ন্যানোপ্রযুক্তি এবং সাসটেইনেবল ডেভেলপমেন্ট গোলস (SDGs)

সবুজ ন্যানোপ্রযুক্তি জাতিসংঘের সাসটেইনেবল ডেভেলপমেন্ট গোলস (SDGs) পূরণে গুরুত্বপূর্ণ ভূমিকা পালন করতে পারে। বিশেষ করে, "পরিবেশ সুরক্ষা", "স্বাস্থ্য ও সুস্বাস্থ্য", "সাশ্রয়ী শক্তি" এবং "টেকসই শিল্প ও উদ্ভাবন" লক্ষ্যগুলির বাস্তবায়নে ন্যানোপ্রযুক্তি একটি শক্তিশালী হাতিয়ার হতে পারে। উদাহরণস্বরূপ, শক্তি উৎপাদন এবং সংরক্ষণের ক্ষেত্রে উন্নত ন্যানোপ্রযুক্তির ব্যবহার, গ্লোবাল উষ্ণায়ন নিয়ন্ত্রণ, এবং পানির ব্যবস্থাপনায় নতুন প্রযুক্তি বাস্তবায়ন SDGs পূরণে সহায়ক হবে।

৯.৪ সবুজ ন্যানোপ্রযুক্তির গবেষণায় সরকারি নীতি এবং বিনিয়োগের ভূমিকা

যতটা গুরুত্বপূর্ণ সবুজ ন্যানোপ্রযুক্তির গবেষণা, ততটাই গুরুত্বপূর্ণ সরকারি নীতি এবং প্রণোদনা। সরকারের উচিত গবেষণা প্রতিষ্ঠান, বিশ্ববিদ্যালয় এবং শিল্প প্রতিষ্ঠানের মধ্যে সহযোগিতা বৃদ্ধি করা এবং এই প্রযুক্তি নিয়ে নতুন নতুন নীতি প্রণয়ন করা। প্রযুক্তির দ্রুত উন্নয়ন এবং প্রগতির জন্য সরকারি গবেষণার জন্য আর্থিক সহায়তা, ট্যাক্স প্রণোদনা এবং গবেষণার জন্য সহজ শর্ত প্রদান করা জরুরি।

বিশ্বব্যাপী, বিশেষ করে উন্নয়নশীল দেশগুলোর মধ্যে এই প্রযুক্তির গবেষণা এবং বিনিয়োগের ক্ষেত্রগুলোকে আরও শক্তিশালী করতে হবে। সরকারী-বেসরকারি অংশীদারিত্ব (PPP) মডেলটি গুরুত্বপূর্ণ ভূমিকা পালন করতে পারে।

৯.৫ ভবিষ্যতে সবুজ ন্যানোপ্রযুক্তির শিক্ষাগত দিক

বিশ্ববিদ্যালয় এবং গবেষণা প্রতিষ্ঠানে সবুজ ন্যানোপ্রযুক্তি বিষয়ে সঠিক শিক্ষা এবং প্রশিক্ষণ ব্যবস্থা গড়ে তোলার গুরুত্ব অপরিসীম। আগামী দিনে এই বিষয়ে আরও বেশি পাঠ্যক্রম এবং কোর্স চালু করার পাশাপাশি দক্ষ জনশক্তি তৈরির উপর মনোযোগ দেওয়া উচিত। শুধু বিশ্ববিদ্যালয় নয়, শিল্প প্রতিষ্ঠানের মাধ্যমে বিভিন্ন প্রশিক্ষণ কর্মসূচি চালু করা প্রয়োজন, যাতে কর্মীরা নতুন প্রযুক্তির প্রয়োগ শিখতে পারে।

৯.৬ সবুজ ন্যানোপ্রযুক্তির চ্যালেঞ্জ এবং সুরক্ষা

যতটা আশাপ্রদ সবুজ ন্যানোপ্রযুক্তির ভবিষ্যৎ, ততটাই কিছু চ্যালেঞ্জ রয়েছে। প্রথমত, প্রযুক্তির নিরাপত্তা এবং নির্ভরযোগ্যতার বিষয়টি সবসময় মাথায় রাখতে হবে। ন্যানোপ্রযুক্তির পরিবেশগত এবং মানবস্বাস্থ্যের ওপর সম্ভাব্য ক্ষতিকর প্রভাব সম্পর্কে বিস্তারিত গবেষণা এবং নিরাপদ ব্যবহারের নীতিমালা তৈরি করা প্রয়োজন।

৯.৭ উপসংহার

সবুজ ন্যানোপ্রযুক্তির ভবিষ্যত অত্যন্ত প্রতিশ্রুতিশীল এবং বিশ্বব্যাপী পরিবেশ, অর্থনীতি এবং সমাজের উন্নতিতে অবদান রাখতে সক্ষম। তবে, এর সঠিক বাস্তবায়ন এবং গ্রহণযোগ্যতা নির্ভর করবে বৈশ্বিক সহযোগিতা, সরকারের সক্রিয় নীতি, এবং গবেষণা প্রতিষ্ঠানের উদ্ভাবনী প্রচেষ্টার উপর। উদ্ভাবনী গবেষণা, সামাজিক এবং অর্থনৈতিক প্রভাব, এবং মানবকল্যাণে ভূমিকা রাখার মাধ্যমে সবুজ ন্যানোপ্রযুক্তি আমাদের পৃথিবীকে আরও উন্নত, টেকসই এবং পরিবেশবান্ধব করে তুলতে পারে।

পরবর্তী অধ্যায়ে, আমরা আলোচনা করব সবুজ ন্যানোপ্রযুক্তির বাস্তব প্রয়োগ এবং উদাহরণ নিয়ে।

দশম অধ্যায়: সবুজ ন্যানোপ্রযুক্তির বাস্তব প্রয়োগ এবং উদাহরণ

১০.১ ভূমিকা

সবুজ ন্যানোপ্রযুক্তির সম্ভাবনা এবং ভবিষ্যৎ নিয়ে আগের অধ্যায়ে বিস্তারিত আলোচনা করা হয়েছে। এখন আমরা এই প্রযুক্তির বাস্তব প্রয়োগ এবং উদাহরণ নিয়ে আলোচনা করব। বিভিন্ন শিল্প এবং ক্ষেত্রের মধ্যে সবুজ ন্যানোপ্রযুক্তির ব্যবহার এখন আরও স্পষ্ট হয়ে উঠছে। পানি শোধন, শক্তি উৎপাদন, কৃষি, চিকিৎসা এবং পরিবেশ রক্ষায় এর প্রয়োগ দ্রুত বাড়ছে। এই অধ্যায়ে আমরা দেখব কীভাবে সবুজ ন্যানোপ্রযুক্তি বাস্তবে কাজ করছে এবং এর কিছু সফল উদাহরণ কী।

১০.২ পানির শোধনে ন্যানোপ্রযুক্তির প্রয়োগ

বিশ্বব্যাপী পানি সংকট একটি বড় সমস্যা হয়ে দাঁড়িয়েছে। শহরগুলোর দ্রুত বৃদ্ধি, পরিবেশ দূষণ এবং অপ্রতুল পানির উৎসের কারণে বিশ্বের বহু দেশ পানির সংকটে ভুগছে। ন্যানোপ্রযুক্তি এর সমাধান হিসেবে উদ্ভাবিত হয়েছে। ন্যানোফিল্টার এবং ন্যানোপার্টিকলস ব্যবহার করে দূষিত পানি শোধন করা সম্ভব হচ্ছে, যা তীব্র গতিতে দূষণ অপসারণ করতে পারে।

বিশেষত, **ন্যানোফিল্টার** পদ্ধতি পানি শোধনে একটি অত্যন্ত কার্যকরী প্রযুক্তি হিসেবে ব্যবহৃত হচ্ছে। এই ফিল্টারগুলো মাইক্রোস্কোপিক পরিসরে কাজ করে, যা ক্ষুদ্রতম কণা এবং রাসায়নিক দূষক যেমন heavy metals, জীবাণু, এবং ভাইরাস দূর করতে সক্ষম। উদাহরণস্বরূপ, **পানির বিশুদ্ধতা পরীক্ষায় ন্যানোপার্টিকলের ব্যবহারের ফলে দ্রুত ফলাফল পাওয়া গেছে**, যা উন্নত দেশের পাশাপাশি উন্নয়নশীল দেশগুলোর জন্যও অত্যন্ত উপকারী।

১০.৩ শক্তি উৎপাদন এবং সঞ্চয়ে ন্যানোপ্রযুক্তি

শক্তি উৎপাদন এবং সঞ্চয়ের ক্ষেত্রে ন্যানোপ্রযুক্তি অত্যন্ত গুরুত্বপূর্ণ ভূমিকা পালন করছে। শক্তি সংরক্ষণের জন্য ব্যবহৃত ন্যানোব্যাটারির উন্নয়ন শক্তির দক্ষতা বাড়ানোর পাশাপাশি শক্তির অপচয় কমাচ্ছে। উদাহরণস্বরূপ, **ন্যানো-ম্যাটেরিয়ালস ব্যবহার করে তৈরি উচ্চ ক্ষমতাসম্পন্ন লিথিয়াম আয়ন ব্যাটারি**, যা সাশ্রয়ী, টেকসই এবং দীর্ঘস্থায়ী শক্তি সঞ্চয়ের জন্য একটি গুরুত্বপূর্ণ উদ্ভাবন।

একইভাবে, **সোলার সেল প্রযুক্তির উন্নয়নে ন্যানোপ্রযুক্তি ব্যবহার** করা হচ্ছে। ন্যানো-রিপ্রোজেক্টেড সোলার সেলগুলি উচ্চতর দক্ষতা অর্জন করতে পারে, যা সূর্য থেকে শক্তি উত্তোলনকে আরও কার্যকরী করে তোলে। এর ফলে নবায়নযোগ্য শক্তি উৎপাদনে বিপ্লব ঘটাতে সহায়তা করছে।

১০.৪ কৃষিতে ন্যানোপ্রযুক্তির প্রয়োগ

কৃষিতে সবুজ ন্যানোপ্রযুক্তির প্রয়োগ একটি নতুন ধারণা, তবে এটি ইতিমধ্যে কিছু দেশে ব্যাপকভাবে ব্যবহার করা হচ্ছে। উদাহরণস্বরূপ, **ন্যানোপ্রযুক্তির মাধ্যমে সঠিক পরিমাণে পেস্টিসাইড ব্যবহারের ব্যবস্থা তৈরি হয়েছে**, যা পরিবেশের ওপর ক্ষতিকর প্রভাব কমিয়ে দেয় এবং খাদ্য নিরাপত্তা বাড়ায়। এছাড়া, **ন্যানোফার্টিলাইজার** ব্যবহার করে মাটির উর্বরতা বাড়ানো, সেচ ব্যবস্থাপনা উন্নত করা, এবং ফসলের উৎপাদন বৃদ্ধি করা সম্ভব হচ্ছে।

তবে সবচেয়ে গুরুত্বপূর্ণ প্রভাবটি সম্ভবত কৃষি-বিষয়ক জীবাণুর বিরুদ্ধে প্রতিরোধে দেখা গেছে। **ন্যানো-প্রযুক্তির মাধ্যমে উদ্ভাবিত নতুন পেস্টিসাইডগুলো অত্যন্ত কার্যকরী এবং পরিবেশবান্ধব**, যেগুলি মাটির পুষ্টি ক্ষতিগ্রস্ত না করে অর্গানিক ফসলের উৎপাদন বৃদ্ধির জন্য সহায়ক।

১০.৫ চিকিৎসায় ন্যানোপ্রযুক্তি:

সবুজ ন্যানোপ্রযুক্তির সবচেয়ে গুরুত্বপূর্ণ প্রয়োগের একটি ক্ষেত্র হলো স্বাস্থ্যসেবা। সেলুলার স্তরের চিকিৎসা এবং রোগ নির্ণয়ের ক্ষেত্রে ন্যানোপ্রযুক্তির ব্যবহার দ্রুত বৃদ্ধি পাচ্ছে।

ন্যানো-ড্রাগ ডেলিভারি সিস্টেম ব্যবহার করে একে একে ক্যান্সার, ডায়াবেটিস, এবং অন্য দীর্ঘস্থায়ী রোগের চিকিৎসা আরো উন্নত হতে শুরু করেছে।

ন্যানোপ্রযুক্তির সাহায্যে **ন্যানোক্যারিয়ার্স** তৈরি করা হচ্ছে, যা দেহের নির্দিষ্ট স্থান পর্যন্ত ওষুধ পৌঁছাতে সহায়তা করে এবং অন্যান্য অঙ্গ ক্ষতিগ্রস্ত না হয়। এর ফলে, চিকিৎসার কার্যকারিতা বৃদ্ধি পাচ্ছে এবং পার্শ্বপ্রতিক্রিয়া কমে যাচ্ছে। **ন্যানো-প্রযুক্তির মাধ্যমে নতুন টিউমার নির্ণয় প্রযুক্তি** এবং উন্নত **ডায়াগনস্টিক টেস্ট কিট** উদ্ভাবন হয়েছে, যা দ্রুত রোগ শনাক্ত করতে সাহায্য করছে।

১০.৬ পরিবেশ সুরক্ষায় ন্যানোপ্রযুক্তির ভূমিকা

সবুজ ন্যানোপ্রযুক্তি পরিবেশ সুরক্ষায় গুরুত্বপূর্ণ ভূমিকা পালন করতে সক্ষম। **ন্যানো-রিমিডিয়েশন** প্রযুক্তির মাধ্যমে তেল, ভারী ধাতু, এবং অন্যান্য বিষাক্ত পদার্থ দূষিত জায়গা থেকে অপসারণ করা সম্ভব। এছাড়া, **ন্যানোপ্রযুক্তির মাধ্যমে বায়ু পরিশোধন** এবং **বর্জ্য ব্যবস্থাপনা** আরও কার্যকরীভাবে করা যাচ্ছে।

বিশ্বব্যাপী জলবায়ু পরিবর্তন এবং পরিবেশগত বিপর্যয়ের সঙ্গে লড়াই করার জন্য এই প্রযুক্তি অপরিহার্য। উদাহরণস্বরূপ, **বায়োডিগ্রেডেবল প্লাস্টিক তৈরিতে ন্যানোপ্রযুক্তির ব্যবহার** এবং **কার্বন ডাই অক্সাইড শোষণের জন্য উন্নত ন্যানোম্যাটেরিয়ালস** তৈরি করা হচ্ছে, যা পরিবেশকে রক্ষা করবে।

১০.৭ উপসংহার

সবুজ ন্যানোপ্রযুক্তির বাস্তব প্রয়োগের মাধ্যমে আমরা আমাদের চারপাশের পৃথিবীকে আরও টেকসই এবং পরিবেশবান্ধব করতে সক্ষম হচ্ছি। পানির শোধন, শক্তি সঞ্চয়, কৃষি উন্নয়ন, চিকিৎসা এবং পরিবেশ সুরক্ষা—এ সব ক্ষেত্রে ন্যানোপ্রযুক্তি ইতিমধ্যেই আশাপ্রদ ফলাফল প্রদর্শন করেছে। ভবিষ্যতে এই প্রযুক্তির আরও উন্নয়ন এবং প্রয়োগে বিশ্বের অগ্রগতি নির্ভর করবে। আমাদের লক্ষ্য থাকা উচিত এই প্রযুক্তির সঠিক ব্যবহার নিশ্চিত করা এবং এর উপকারিতা সর্বাধিক করতে কাজ করা।

সবুজ ন্যানোপ্রযুক্তি

পরবর্তী অধ্যায়ে আমরা আলোচনা করব সবুজ ন্যানোপ্রযুক্তি নিয়ে উদ্ভাবনী চিন্তা এবং তার সামাজিক ও অর্থনৈতিক প্রভাব নিয়ে।

এগারোতম অধ্যায়: সবুজ ন্যানোপ্রযুক্তি: উদ্ভাবনী চিন্তা এবং সামাজিক-অর্থনৈতিক প্রভাব

১১.১ ভূমিকা

সবুজ ন্যানোপ্রযুক্তি এক নতুন দিগন্ত উন্মোচন করছে মানবজাতির জন্য। এর মাধ্যমে আমরা কেবল পরিবেশ রক্ষা করতেই সক্ষম হচ্ছি না, বরং এটি নতুন প্রযুক্তিগত উদ্ভাবন, অর্থনৈতিক পরিবর্তন এবং সামাজিক উন্নতির সুযোগও সৃষ্টি করছে। তবে, সবুজ ন্যানোপ্রযুক্তির উন্নয়ন ও ব্যবহারের সাথে সাথে কিছু সামাজিক ও অর্থনৈতিক চ্যালেঞ্জের সৃষ্টি হচ্ছে। এই অধ্যায়ে আমরা দেখব কীভাবে এই প্রযুক্তির উদ্ভাবনী চিন্তা সমাজ ও অর্থনীতির উপর প্রভাব ফেলছে, এবং তা কীভাবে আরো উন্নত, সমান এবং পরিবেশবান্ধব পৃথিবী গড়তে সহায়ক হতে পারে।

১১.২ সবুজ ন্যানোপ্রযুক্তির উদ্ভাবনী চিন্তা

সবুজ ন্যানোপ্রযুক্তির মাধ্যমে যে উদ্ভাবনী চিন্তা উদিত হয়েছে, তা মূলত পরিবেশ রক্ষা এবং টেকসই উন্নয়নের লক্ষ্যে। এই প্রযুক্তি গবেষকরা কেবল নতুন উপকরণ বা পদ্ধতি তৈরি করছেন না, বরং সমাজের জন্য একটি নতুন দৃষ্টিভঙ্গি নিয়ে আসছেন যা ভবিষ্যতের দিকনির্দেশনা দিতে পারে।

উদাহরণস্বরূপ, **ন্যানোফিল্টার এবং ন্যানো-ক্যাটালিস্ট** ব্যবহার করে পরিবেশ দূষণ কমানোর পদ্ধতি আবিষ্কৃত হয়েছে। এটি একটি উদ্ভাবনী চিন্তা যেখানে বিজ্ঞান এবং প্রকৌশল একত্রিত হয়ে মানবতা ও প্রকৃতির মধ্যে সমন্বয় স্থাপন করেছে। এতে শোষণ এবং ক্ষতিকর রাসায়নিক পদার্থের অপসারণ দ্রুত সম্ভব হচ্ছে, এবং এর ফলে মানুষের জীবনের গুণগত মান বৃদ্ধি পাচ্ছে।

এছাড়া, **সবুজ ক্যাটালিস্ট এবং সোলার টেকনোলজির উন্নয়ন** এমন উদ্ভাবন, যা আমাদের শক্তির ব্যবহার ও উৎপাদনের ক্ষেত্রে বিপ্লব ঘটাচ্ছে। এটি নতুন নতুন রাসায়নিক উপাদান

উদ্ভাবন করতে সহায়তা করছে, যেগুলি পরিবেশের জন্য ক্ষতিকর নয় এবং শক্তির উৎপাদনেও কার্যকর।

১১.৩ সামাজিক প্রভাব

সবুজ ন্যানোপ্রযুক্তির সামাজিক প্রভাব অত্যন্ত গভীর এবং ব্যাপক। এই প্রযুক্তি সমাজের বিভিন্ন স্তরে জীবনের গুণগত মান বৃদ্ধিতে সহায়ক হতে পারে। উদাহরণস্বরূপ, **জীবনযাত্রার মান বৃদ্ধি, স্বাস্থ্য সুবিধা, শিক্ষা ও সচেতনতা বৃদ্ধি**, এবং **নিরাপত্তা উন্নয়ন**— এসবই এর মাধ্যমে সম্ভব হচ্ছে।

বিশেষত, **স্বাস্থ্য সেবা** ক্ষেত্রে সবুজ ন্যানোপ্রযুক্তি বিপ্লব ঘটাচ্ছে। এটি চিকিৎসার সাশ্রয়ী এবং কার্যকর পদ্ধতিকে সহজ করে তুলছে। এতে সমাজের পিছিয়ে পড়া শ্রেণির মানুষদেরও উন্নত চিকিৎসা সেবা প্রদান করা সম্ভব হচ্ছে, যা সামাজিক স্বাস্থ্যের উন্নতির জন্য অত্যন্ত গুরুত্বপূর্ণ।

একইভাবে, **কৃষিতে ন্যানোপ্রযুক্তি ব্যবহারের মাধ্যমে খাওয়ার জন্য নিরাপদ খাদ্য উৎপাদন এবং সঠিক পদ্ধতিতে কৃষকের উপকারিতা** নিশ্চিত হচ্ছে। এর ফলে, কৃষি উৎপাদন ও খাদ্য নিরাপত্তা বৃদ্ধি পাচ্ছে, যা সমাজের দরিদ্র শ্রেণির জন্য অত্যন্ত গুরুত্বপূর্ণ।

১১.৪ অর্থনৈতিক প্রভাব

সবুজ ন্যানোপ্রযুক্তির আরেকটি গুরুত্বপূর্ণ দিক হলো এর অর্থনৈতিক প্রভাব। বিশ্বব্যাপী এই প্রযুক্তি শিল্পের বিস্তার এবং উৎপাদনশীলতা বৃদ্ধির মাধ্যমে **নতুন কর্মসংস্থানের সুযোগ** সৃষ্টি করছে। ন্যানোপ্রযুক্তি শিল্পের বিকাশ নতুন শিল্পখাতের সৃষ্টি করেছে, যেমন- ন্যানোফার্মাসিউটিক্যালস, পরিবেশবান্ধব কেমিক্যালস, এবং সোলার প্যানেল উৎপাদন।

ন্যানোপ্রযুক্তির উদ্ভাবন এবং নতুন পণ্যের বিকাশ বিশ্বব্যাপী অর্থনৈতিক অগ্রগতি ত্বরান্বিত করেছে, বিশেষ করে উন্নয়নশীল দেশগুলোতে। এটি শিল্প ও কৃষির মধ্যে একটি সমন্বয় সৃষ্টি করে, যেখানে **শক্তি দক্ষতা এবং পরিবেশ সুরক্ষা** উভয়ই গুরুত্ব পায়।

ন্যানোপ্রযুক্তির এই **শক্তিশালী অর্থনৈতিক প্রভাব** একদিকে যেমন বিশ্বব্যাপী শিল্পের প্রসারে সহায়ক, অন্যদিকে এটি বৈশ্বিক অর্থনীতিতে নতুন উপাদান যোগ করতে সক্ষম। এই প্রযুক্তি ব্যবহারের মাধ্যমে উৎপাদন খরচ কমানো, পণ্য উৎপাদনের গুণগত মান বৃদ্ধি, এবং খরচের দক্ষতা অর্জন সম্ভব হচ্ছে।

১১.৫ চ্যালেঞ্জ এবং সংকট

যদিও সবুজ ন্যানোপ্রযুক্তির সম্ভাবনা বিশাল, তবুও এটি কিছু চ্যালেঞ্জের মুখোমুখি। প্রথমত, **প্রযুক্তির উচ্চ মূল্য** এবং **উন্নত প্রযুক্তির অভাব** অনেক ক্ষেত্রে এর প্রসারকে বাধাগ্রস্ত করছে। দ্বিতীয়ত, **নিরাপত্তা এবং স্বাস্থ্যগত প্রভাব** নিয়ে এখনও যথেষ্ট গবেষণা হয়নি। উদাহরণস্বরূপ, কিছু ন্যানোপার্টিকল মানব শরীরে প্রবেশ করলে তা দীর্ঘমেয়াদী ক্ষতি করতে পারে—এটি এক ধরনের অজানা বিপদ হিসেবে দেখা দিতে পারে।

এছাড়া, **ন্যানোপ্রযুক্তি শিল্পের জন্য উপযুক্ত নীতিমালা এবং বিধি-নিষেধ** নেই অনেক দেশে। একে বৈশ্বিকভাবে সমন্বিতভাবে পরিচালনা করতে হলে আন্তর্জাতিক সংস্থা ও রাষ্ট্রগুলোকে একত্রিত হয়ে কার্যকরী পরিকল্পনা গ্রহণ করতে হবে।

১১.৬ উপসংহার

সবুজ ন্যানোপ্রযুক্তি আজ এক নতুন যুগের সূচনা করেছে, যেখানে পরিবেশ, সমাজ এবং অর্থনীতি একত্রিত হয়ে উন্নয়নশীল পৃথিবী গড়ার পথে এগিয়ে যাচ্ছে। এর উদ্ভাবনী চিন্তা, সামাজিক এবং অর্থনৈতিক প্রভাব শুধু প্রযুক্তির উন্নয়নেই নয়, বরং মানবতার জন্য একটি নতুন দিগন্ত উন্মোচন করেছে। তবে, এর সর্বাধিক সুবিধা পেতে হলে প্রযুক্তির নিরাপত্তা, স্বাস্থ্যগত প্রভাব এবং নীতিমালা সম্পর্কে আরও গবেষণা ও পরিকল্পনা করতে হবে। এই প্রযুক্তির সঠিক ব্যবহার সমাজের সবার জন্য একটি উজ্জ্বল ভবিষ্যৎ নিয়ে আসবে।

পরবর্তী অধ্যায়ে আমরা আলোচনা করব সবুজ ন্যানোপ্রযুক্তির ভবিষ্যত সম্ভাবনা এবং এর বিশ্বব্যাপী প্রভাব নিয়ে।

বারোতম অধ্যায়: সবুজ ন্যানোপ্রযুক্তির ভবিষ্যত সম্ভাবনা ও বৈশ্বিক প্রভাব

১২.১ ভূমিকা

সবুজ ন্যানোপ্রযুক্তি একটি বিপ্লবের সূচনা করেছে, যা পরিবেশ রক্ষা এবং টেকসই উন্নয়নকে একটি নতুন মাত্রায় পৌঁছে দিয়েছে। এই প্রযুক্তির ভবিষ্যত সম্ভাবনা ব্যাপক এবং এর বৈশ্বিক প্রভাব দিন দিন আরও প্রবল হয়ে উঠছে। তবে, এর সফল বাস্তবায়ন এবং উন্নয়নের জন্য আরও অনেক চ্যালেঞ্জ এবং সীমাবদ্ধতা কাটিয়ে উঠতে হবে। এই অধ্যায়ে আমরা আলোচনা করব সবুজ ন্যানোপ্রযুক্তির ভবিষ্যত সম্ভাবনা, এর বিশ্বব্যাপী প্রভাব এবং এর উন্নয়নের জন্য প্রয়োজনীয় পদক্ষেপসমূহ নিয়ে।

১২.২ সবুজ ন্যানোপ্রযুক্তির ভবিষ্যত সম্ভাবনা

সবুজ ন্যানোপ্রযুক্তির **ভবিষ্যত সম্ভাবনা** অত্যন্ত উজ্জ্বল। প্রযুক্তির উন্নতি এবং বিশ্বব্যাপী এর গ্রহণযোগ্যতা বৃদ্ধি পেলে, এই প্রযুক্তি আমাদের জীবনের প্রতিটি খাতে গভীর প্রভাব ফেলবে। ভবিষ্যতে, সবুজ ন্যানোপ্রযুক্তির ব্যবহার আরও বিস্তৃত হবে এবং নতুন দিকনির্দেশনা এবং উদ্ভাবন সৃষ্টি করবে।

১. পরিবেশবান্ধব শক্তি উৎপাদন: সোলার সেল এবং অন্যান্য নবায়নযোগ্য শক্তি উৎপাদন প্রযুক্তি ন্যানোপ্রযুক্তির মাধ্যমে আরও দক্ষ হবে। বর্তমানে সোলার সেলের কার্যক্ষমতা বাড়ানোর জন্য ন্যানোম্যাটেরিয়াল ব্যবহার করা হচ্ছে, যা ভবিষ্যতে আরও উন্নত হয়ে খরচ কমানোর পাশাপাশি শক্তির উৎপাদন বাড়াতে সহায়ক হবে।

২. দূষণ নিয়ন্ত্রণ: ন্যানোফিল্টার, ন্যানোক্যাটালিস্ট এবং অন্যান্য পরিবেশবান্ধব প্রযুক্তির মাধ্যমে আমরা দূষণ নিয়ন্ত্রণ এবং বর্জ্য পদার্থের পুনঃব্যবহার বৃদ্ধি করতে সক্ষম হবো। এতে শহরগুলোকে আরো পরিবেশবান্ধব এবং স্বাস্থ্যকর করা সম্ভব হবে।

৩. স্মার্ট কৃষি: ন্যানোপ্রযুক্তি কৃষিতে অত্যন্ত গুরুত্বপূর্ণ ভূমিকা পালন করতে পারে। মাটি, পানি, এবং গাছের স্বাস্থ্য পর্যবেক্ষণের জন্য ন্যানো সেন্সর এবং ন্যানোফার্মাসিউটিক্যালস ব্যবহৃত হবে। এর ফলে ফসলের উৎপাদন বাড়বে এবং কৃষি খাতে খাদ্য নিরাপত্তা নিশ্চিত হবে।

৪. চিকিৎসা বিজ্ঞান: সবুজ ন্যানোপ্রযুক্তি স্বাস্থ্য খাতে নতুন দিগন্ত উন্মোচন করবে। দ্রুত ও সঠিক রোগ নির্ণয়, টার্গেটেড ড্রাগ ডেলিভারি সিস্টেম এবং উন্নত জেনেটিক চিকিৎসা ব্যবস্থা এই প্রযুক্তির মাধ্যমে সম্ভব হবে।

১২.৩ বৈশ্বিক প্রভাব

সবুজ ন্যানোপ্রযুক্তির **বৈশ্বিক প্রভাব** গভীর এবং বিস্তৃত। এটি শুধু উন্নত দেশগুলোতে নয়, বরং উন্নয়নশীল দেশগুলোতেও গুরুত্বপূর্ণ পরিবর্তন আনতে পারে। ন্যানোপ্রযুক্তির বিশ্বব্যাপী ব্যবহার একদিকে যেমন নতুন অর্থনৈতিক সুযোগ সৃষ্টি করবে, অন্যদিকে এটি আন্তর্জাতিক সহযোগিতা এবং প্রতিযোগিতার ক্ষেত্রেও নতুন বাস্তবতা সৃষ্টি করবে।

১. অর্থনৈতিক উন্নয়ন: সবুজ ন্যানোপ্রযুক্তি নতুন শিল্পের সৃষ্টি করবে এবং বৈশ্বিক অর্থনীতিতে বিপ্লব ঘটাবে। উন্নয়নশীল দেশগুলোতে এই প্রযুক্তির ব্যবহারের মাধ্যমে নতুন কর্মসংস্থান সৃষ্টি হতে পারে, বিশেষত কৃষি, শক্তি এবং পরিবেশবান্ধব প্রযুক্তির ক্ষেত্রে।

২. টেকসই উন্নয়ন: বৈশ্বিক পর্যায়ে পরিবেশের অবনতি এবং প্রাকৃতিক সম্পদের সীমাবদ্ধতা চিন্তা করে, সবুজ ন্যানোপ্রযুক্তি টেকসই উন্নয়নের জন্য গুরুত্বপূর্ণ ভূমিকা পালন করবে। এটি শক্তির দক্ষতা এবং প্রাকৃতিক সম্পদের সাশ্রয় নিশ্চিত করবে।

৩. জলবায়ু পরিবর্তন মোকাবিলা: সবুজ ন্যানোপ্রযুক্তি জলবায়ু পরিবর্তনের বিরুদ্ধে লড়াইয়ে সহায়ক হতে পারে। এর মাধ্যমে কার্বন নিঃসরণের পরিমাণ কমানো এবং পরিবেশের জন্য ক্ষতিকর পদার্থের অপসারণ সম্ভব হবে, যা বিশ্বের জলবায়ু সংকট মোকাবিলায় গুরুত্বপূর্ণ ভূমিকা রাখবে।

১২.৪ চ্যালেঞ্জ এবং ভবিষ্যত পরিকল্পনা

যদিও সবুজ ন্যানোপ্রযুক্তির ভবিষ্যত সম্ভাবনা অত্যন্ত উজ্জ্বল, তবুও এর উন্নয়ন ও প্রাপ্তি কিছু চ্যালেঞ্জের মুখোমুখি। এর মধ্যে রয়েছে:

১. গবেষণা ও উন্নয়নের জন্য পর্যাপ্ত অর্থায়ন: অনেক দেশ এবং প্রতিষ্ঠান এখনও সবুজ ন্যানোপ্রযুক্তির গবেষণা এবং উন্নয়নে যথেষ্ট অর্থায়ন করছে না। এর ফলে প্রযুক্তির দ্রুত বাস্তবায়ন এবং উন্নয়ন বাধাগ্রস্ত হচ্ছে।

২. নীতিমালা এবং বিধিমালা: সবুজ ন্যানোপ্রযুক্তির নিরাপত্তা এবং স্বাস্থ্যগত প্রভাব নিয়ে যথেষ্ট গবেষণা হওয়া প্রয়োজন। পাশাপাশি, এই প্রযুক্তির ব্যবহার নিয়ন্ত্রণ করতে আন্তর্জাতিক ও জাতীয় স্তরে কার্যকরী নীতিমালা গঠন করা জরুরি।

৩. প্রযুক্তির গ্রহণযোগ্যতা: নতুন প্রযুক্তি গ্রহণের ক্ষেত্রে সামাজিক এবং সাংস্কৃতিক বাধা থাকতে পারে। মানুষ যদি প্রযুক্তির উপকারিতা এবং নিরাপত্তা সম্পর্কে সঠিক ধারণা না পায়, তাহলে এর ব্যাপক গ্রহণযোগ্যতা নিশ্চিত করা কঠিন হতে পারে।

১২.৫ উপসংহার

সবুজ ন্যানোপ্রযুক্তি পৃথিবীকে একটি টেকসই, নিরাপদ এবং উন্নত ভবিষ্যতের দিকে পরিচালিত করার সম্ভাবনা রাখে। এর মাধ্যমে আমরা আমাদের পরিবেশ, সমাজ এবং অর্থনীতি উন্নত করতে সক্ষম হবো। তবে, এর সফল বাস্তবায়নের জন্য গবেষণা, উন্নয়ন এবং আন্তর্জাতিক সহযোগিতার মাধ্যমে প্রযুক্তির নিরাপত্তা এবং সুসঙ্গত ব্যবহার নিশ্চিত করা অত্যন্ত জরুরি। ভবিষ্যতের দিকে এগিয়ে যাওয়ার পথে সবুজ ন্যানোপ্রযুক্তি আমাদের এক নতুন দিগন্তে নিয়ে যাবে, যা মানবজাতির জন্য এক আশাব্যঞ্জক এবং উন্নত পৃথিবী গঠনে সহায়ক হবে।

পরবর্তী অধ্যায়ে আমরা সবুজ ন্যানোপ্রযুক্তির বিকাশের জন্য প্রয়োজনীয় বৈশ্বিক নীতি এবং পরিকল্পনা নিয়ে আলোচনা করব।

তেরতম অধ্যায়: সবুজ ন্যানোপ্রযুক্তির বিকাশে বৈশ্বিক নীতি এবং পরিকল্পনা

১৩.১ ভূমিকা

সবুজ ন্যানোপ্রযুক্তির বিকাশ এবং তার সফল বাস্তবায়ন নির্ভর করে বৈশ্বিক নীতি এবং পরিকল্পনার উপর। একে উন্নত করার জন্য শুধুমাত্র প্রযুক্তিগত অগ্রগতি নয়, বরং যথাযথ নীতি, আইনি কাঠামো, এবং আন্তর্জাতিক সহযোগিতার প্রয়োজন রয়েছে। এই অধ্যায়ে আমরা আলোচনা করব যে কীভাবে সবুজ ন্যানোপ্রযুক্তির বিকাশে বৈশ্বিক নীতি এবং পরিকল্পনা গুরুত্বপূর্ণ ভূমিকা পালন করতে পারে এবং এর সুষ্ঠু বাস্তবায়নে কী ধরনের পদক্ষেপ নেওয়া যেতে পারে।

১৩.২ বৈশ্বিক নীতি ও পরিকল্পনার প্রয়োজনীয়তা

সবুজ ন্যানোপ্রযুক্তির উন্নয়ন এবং এর কার্যকরী ব্যবহার নিশ্চিত করার জন্য একটি সুসংগঠিত বৈশ্বিক নীতিমালা গঠন করা অত্যন্ত গুরুত্বপূর্ণ। এই নীতিমালা শুধু প্রযুক্তির নিরাপত্তা ও বৈধতা নিশ্চিত করবে না, বরং এর সামাজিক, অর্থনৈতিক, এবং পরিবেশগত প্রভাব নিয়ন্ত্রণেও সহায়ক হবে।

১. প্রযুক্তি এবং নিরাপত্তা: সবুজ ন্যানোপ্রযুক্তির ব্যবহারে নিরাপত্তা একটি অত্যন্ত গুরুত্বপূর্ণ বিষয়। বিশেষ করে, ন্যানোম্যাটেরিয়াল বা ন্যানোপ্রযুক্তি সৃষ্টির সময় যদি এর প্রভাব সম্পর্কে সঠিক তথ্য পাওয়া না যায়, তা হলে তা পরিবেশ এবং মানবস্বাস্থ্যের জন্য ক্ষতিকর হতে পারে। তাই, প্রযুক্তির নিরাপত্তা নিশ্চিত করার জন্য বৈশ্বিক এবং জাতীয় স্তরে শক্তিশালী নীতিমালা গঠন করতে হবে।

২. আন্তর্জাতিক সহযোগিতা: সবুজ ন্যানোপ্রযুক্তি একটি বৈশ্বিক সমস্যা, যার সমাধান এককভাবে কোন দেশ বা প্রতিষ্ঠান দ্বারা সম্ভব নয়। তাই, আন্তর্জাতিক সহযোগিতা অত্যন্ত গুরুত্বপূর্ণ। বিশ্ব স্বাস্থ্য সংস্থা (WHO), জাতিসংঘ এবং অন্যান্য আন্তর্জাতিক সংস্থাগুলোর

সহযোগিতা এবং নির্দেশনায় এই প্রযুক্তির জন্য একটি আন্তর্জাতিক নীতিমালা তৈরি করা প্রয়োজন।

৩. পরিবেশগত উন্নয়ন: সবুজ ন্যানোপ্রযুক্তি পরিবেশগত উন্নয়নে গুরুত্বপূর্ণ ভূমিকা রাখতে পারে। তবে, এর পুরোপুরি ব্যবহার নিশ্চিত করতে হবে পরিবেশবান্ধব নীতির মাধ্যমে। এটি কীভাবে পরিবেশের ক্ষতি কমাবে এবং কীভাবে পুনর্ব্যবহারযোগ্য হতে পারে, সে বিষয়গুলো সুনির্দিষ্টভাবে পরিকল্পনা করতে হবে।

১৩.৩ সবুজ ন্যানোপ্রযুক্তি সংক্রান্ত আন্তর্জাতিক উদ্যোগ

সবুজ ন্যানোপ্রযুক্তির বিকাশের জন্য অনেক আন্তর্জাতিক উদ্যোগ শুরু হয়েছে। এর মধ্যে রয়েছে গবেষণা, প্রযুক্তিগত সহযোগিতা, নিরাপত্তা এবং নৈতিক দিকগুলো সমন্বিত করার জন্য বিভিন্ন বৈশ্বিক সংস্থা এবং উদ্যোগের প্রচেষ্টা।

১. ইউরোপিয়ান ইউনিয়নের ন্যানোপ্রযুক্তি নীতি: ইউরোপীয় ইউনিয়ন দীর্ঘদিন ধরেই ন্যানোপ্রযুক্তির উন্নয়ন ও ব্যবহারে একটি শক্তিশালী নীতিমালা গ্রহণ করেছে। এর মধ্যে রয়েছে ন্যানোপ্রযুক্তির নিরাপত্তা, পরিবেশগত প্রভাব, এবং স্বাস্থ্যগত প্রভাব সম্পর্কে বিস্তারিত গবেষণা এবং নিয়মিত মূল্যায়ন।

২. বিশ্ব স্বাস্থ্য সংস্থার (WHO) নির্দেশনা: বিশ্ব স্বাস্থ্য সংস্থা (WHO) সবুজ ন্যানোপ্রযুক্তি এবং তার প্রভাব নিয়ে গবেষণা চালাচ্ছে এবং এই প্রযুক্তির নিরাপদ ব্যবহারের জন্য বিভিন্ন নির্দেশনা প্রদান করছে। এর মধ্যে রয়েছে ন্যানোম্যাটেরিয়ালের উপকারিতা ও ক্ষতি সম্পর্কে জনসচেতনতা বৃদ্ধি।

৩. জাতিসংঘের টেকসই উন্নয়ন লক্ষ্য (SDGs): সবুজ ন্যানোপ্রযুক্তির বিকাশ জাতিসংঘের টেকসই উন্নয়ন লক্ষ্যমাত্রার সঙ্গে সম্পর্কিত। এটি নিশ্চিত করতে হবে যে, এই প্রযুক্তি পরিবেশ রক্ষায় সহায়ক, পৃথিবীকে আরও সুরক্ষিত এবং উন্নত করবে।

১৩.৪ সবুজ ন্যানোপ্রযুক্তি ব্যবহারের জন্য কার্যকরী পরিকল্পনা

যে সমস্ত পরিকল্পনা সবুজ ন্যানোপ্রযুক্তির বিকাশ এবং তার বাস্তবায়নকে সমর্থন করবে, তা অবশ্যই দীর্ঘমেয়াদী এবং সুসংগঠিত হতে হবে। এর মধ্যে রয়েছে:

১. সরকারি নীতিমালা এবং আইন: প্রথমেই সরকারের পক্ষ থেকে সবুজ ন্যানোপ্রযুক্তির বিকাশে একটি নীতিমালা গ্রহণ করতে হবে। এই নীতিমালায় প্রযুক্তির নিরাপত্তা, পরিবেশগত প্রভাব এবং অর্থনৈতিক দিকগুলো স্পষ্টভাবে উল্লেখ থাকবে। পাশাপাশি, ন্যানোপ্রযুক্তি ব্যবহারকারী প্রতিষ্ঠানগুলোর জন্য সুনির্দিষ্ট আইন ও বিধি তৈরি করতে হবে।

২. গবেষণা এবং উন্নয়ন (R&D): সবুজ ন্যানোপ্রযুক্তির জন্য গবেষণা ও উন্নয়ন কর্মকাণ্ডে সুষ্ঠু পরিচালনা এবং অর্থায়ন অত্যন্ত জরুরি। আন্তর্জাতিক সহযোগিতায় গবেষণা প্রতিষ্ঠান এবং বিশ্ববিদ্যালয়গুলোকে একত্রিত করে নতুন প্রযুক্তির উন্নয়ন এবং এর কার্যকারিতা যাচাই করা উচিত।

৩. জনসচেতনতা এবং শিক্ষার উন্নয়ন: সবুজ ন্যানোপ্রযুক্তি সম্পর্কে জনসচেতনতা বৃদ্ধির জন্য সরকার এবং প্রতিষ্ঠানগুলোকে বিশেষ উদ্যোগ নিতে হবে। স্কুল, কলেজ এবং বিশ্ববিদ্যালয়ে এই প্রযুক্তির সুবিধা, ঝুঁকি এবং ব্যবহার সম্পর্কে শিক্ষা দেওয়া উচিত।

৪. শিল্পিক সহযোগিতা: বেসরকারি খাতের সহযোগিতাও খুব গুরুত্বপূর্ণ। শিল্পের মধ্যে উদ্ভাবন এবং বাজারে নতুন পণ্য আনার জন্য সরকারের সঙ্গে অংশীদারিত্বের ভিত্তিতে ন্যানোপ্রযুক্তির বাণিজ্যিক ব্যবহার নিশ্চিত করতে হবে।

১৩.৫ উপসংহার

সবুজ ন্যানোপ্রযুক্তির বিকাশের জন্য বৈশ্বিক নীতি এবং পরিকল্পনা অত্যন্ত গুরুত্বপূর্ণ। একে সঠিকভাবে ব্যবহারের মাধ্যমে আমরা পরিবেশ, সমাজ এবং অর্থনীতির উন্নতি ঘটাতে পারব। তবে, এর নিরাপত্তা, প্রভাব এবং এর সম্ভাবনা নিয়ে যথাযথ নীতিমালা এবং আন্তর্জাতিক সহযোগিতা গঠন করা জরুরি। শুধুমাত্র তাতেই আমরা সবুজ ন্যানোপ্রযুক্তির পূর্ণ সম্ভাবনা কাজে লাগাতে পারব এবং একটি টেকসই এবং উন্নত ভবিষ্যৎ গড়ে তুলতে সক্ষম হবো।

সবুজ ন্যানোপ্রযুক্তি

এই অধ্যায়ের পর, পরবর্তী অধ্যায়ে আমরা সবুজ ন্যানোপ্রযুক্তির নিরাপত্তা, স্বাস্থ্য এবং পরিবেশগত প্রভাব নিয়ে আলোচনা করব।

চৌদ্দতম অধ্যায়: সবুজ ন্যানোপ্রযুক্তির নিরাপত্তা, স্বাস্থ্য এবং পরিবেশগত প্রভাব

১৪.১ ভূমিকা

সবুজ ন্যানোপ্রযুক্তি, বিশেষ করে ন্যানোম্যাটেরিয়াল এবং তাদের ব্যবহার, প্রযুক্তিগত দিক থেকে অনেক সুবিধা প্রদান করলেও, তার নিরাপত্তা, স্বাস্থ্য এবং পরিবেশগত প্রভাব অত্যন্ত গুরুত্বপূর্ণ। এই অধ্যায়ে আমরা আলোচনা করব যে কীভাবে সবুজ ন্যানোপ্রযুক্তির ব্যবহার মানব স্বাস্থ্য এবং পরিবেশে প্রভাব ফেলতে পারে, এবং কীভাবে সেগুলোকে নিরাপদ ও টেকসইভাবে ব্যবহারের জন্য কার্যকরী পদক্ষেপ গ্রহণ করা সম্ভব।

১৪.২ সবুজ ন্যানোপ্রযুক্তির নিরাপত্তা বিষয়ক উদ্বেগ

ন্যানোপ্রযুক্তি, তার সঙ্গতিসম্পন্ন ছোট আকার এবং উচ্চ কার্যক্ষমতার কারণে অত্যন্ত কার্যকরী হলেও, এটি কিছু নিরাপত্তা উদ্বেগ সৃষ্টি করতে পারে। এর মধ্যে প্রধান উদ্বেগ হলো ন্যানোপ্রযুক্তির অদৃশ্য প্রভাব, যা সাধারণত বৃহৎ আকারের পণ্যগুলোর ক্ষেত্রে সহজে চিন্হিত হয় না। যেমন:

১. বায়োঅ্যাকিউমুলেশন (Bioaccumulation): ন্যানোম্যাটেরিয়ালগুলো এমনভাবে ডিজাইন করা হয় যে তারা সহজে জীবন্ত কোষে প্রবেশ করতে পারে এবং একত্রিত হতে পারে। এর ফলে, জীববৈচিত্র্যের উপর নেতিবাচক প্রভাব ফেলতে পারে, বিশেষত প্রাণীজগতে। যদি ন্যানোপ্রযুক্তি সঠিকভাবে নিয়ন্ত্রণ না করা হয়, তবে তা খাদ্য চক্রে প্রবাহিত হয়ে মানুষের শরীরে পৌঁছাতে পারে।

২. বায়োডিগ্রেডেশন (Biodegradation): ন্যানোম্যাটেরিয়ালের পরিবেশে স্থায়ীত্ব এবং তাদের ক্ষয়প্রাপ্তির হার (বায়োডিগ্রেডেশন) নিয়েও উদ্বেগ রয়েছে। কিছু ন্যানোপ্রযুক্তি ধীরে ধীরে পরিবেশে জমা হতে পারে, যা পরিবেশের জন্য ক্ষতিকর হতে পারে।

৩. পদার্থের ক্ষতিকর প্রভাব: ন্যানোম্যাটেরিয়ালগুলোর ক্ষতিকর প্রভাব প্রাথমিকভাবে অদৃশ্য এবং দীর্ঘমেয়াদী হতে পারে। যেমন, নির্দিষ্ট পদার্থের ন্যানোস্কেল অবস্থান মানব দেহে সেলুলার স্তরে প্রভাব ফেলতে পারে, যা পরবর্তীতে শারীরিক রোগের সৃষ্টি করতে পারে।

১৪.৩ ন্যানোপ্রযুক্তি এবং মানব স্বাস্থ্য

ন্যানোপ্রযুক্তি বিভিন্ন ধরনের পণ্য এবং চিকিৎসা ব্যবস্থায় ব্যবহৃত হচ্ছে, যেমন ড্রাগ ডেলিভারি সিস্টেম, ক্যান্সার চিকিৎসা, এবং নতুন ধরনের বায়োসেন্সর। তবে, এই প্রযুক্তির মাধ্যমে মানবস্বাস্থ্য সম্পর্কিত কিছু সম্ভাব্য ঝুঁকিও রয়েছে। যেমন:

১. নিঃশ্বাসের মাধ্যমে প্রবাহিত ন্যানোপার্টিকলস: ন্যানোপার্টিকলসগুলি অত্যন্ত ক্ষুদ্র এবং সূক্ষ্ম, যা সহজেই মানুষের শরীরে প্রবাহিত হতে পারে, বিশেষত শ্বাসযন্ত্রের মাধ্যমে। দীর্ঘমেয়াদী এক্সপোজার থেকে ফুসফুসের সমস্যা, যেমন অ্যাজমা বা অন্যান্য শ্বাসযন্ত্রের রোগের ঝুঁকি তৈরি হতে পারে।

২. বিষাক্ত প্রতিক্রিয়া: ন্যানোম্যাটেরিয়ালগুলো যখন মানবদেহের কোষের সঙ্গে যোগাযোগ করে, তখন তাদের বিপদজনক রাসায়নিক প্রতিক্রিয়া ঘটতে পারে। ফলে দীর্ঘমেয়াদী সেলুলার ক্ষতি, জেনেটিক পরিবর্তন বা ক্যান্সারের মতো রোগের সৃষ্টি হতে পারে।

৩. দীর্ঘমেয়াদী প্রভাব: সবুজ ন্যানোপ্রযুক্তির দীর্ঘমেয়াদী প্রভাব এখনও পুরোপুরি গবেষণার আওতায় আসেনি। কিছু ন্যানোপ্রযুক্তি হয়তো শরীরের সিস্টেমে দীর্ঘকাল ধরে স্থায়ী হতে পারে এবং নানা ধরনের জটিলতা সৃষ্টি করতে পারে।

১৪.৪ সবুজ ন্যানোপ্রযুক্তির পরিবেশগত প্রভাব

সবুজ ন্যানোপ্রযুক্তির পরিবেশে প্রভাব বিশ্লেষণ করা অত্যন্ত গুরুত্বপূর্ণ। এর মধ্যে কিছু প্রভাব হয়তো ইতিবাচক, যেমন পরিবেশবান্ধব প্রযুক্তি এবং শক্তি সঞ্চয়ের মাধ্যমে বৈশ্বিক উষ্ণতা কমানো, তবে কিছু নেগেটিভ প্রভাবও থাকতে পারে।

১. পরিবেশে ন্যানোপার্টিকলের পরিণতি: ন্যানোপার্টিকলগুলি পরিবেশে ছড়িয়ে পড়তে পারে এবং জল ও মাটিতে ক্ষতিকর প্রভাব ফেলতে পারে। এসব ন্যানোপার্টিকল বিশেষত মাইক্রোবায়োলজিকাল উপাদান বা অন্যান্য জীববৈচিত্র্যের সঙ্গে প্রতিক্রিয়া করে পরিবেশে বড় ধরনের সমস্যা সৃষ্টি করতে পারে।

২. জল ও মাটি দূষণ: ন্যানোপ্রযুক্তি ব্যবহৃত বিভিন্ন পণ্য, যেমন টেক্সটাইল, প্লাস্টিক বা অন্যান্য রাবার পণ্য, পরিবেশে বৃষ্টির মাধ্যমে জলস্রোতে প্রবাহিত হতে পারে। এর ফলে জলাধার বা মাটির গুণগত মান কমে যেতে পারে এবং তা মানবসাধারণ ও পশুসম্পদে ক্ষতিকর হতে পারে।

৩. বর্জ্য নিষ্পত্তি: ন্যানোপ্রযুক্তির মাধ্যমে সৃষ্ট বর্জ্য, বিশেষত তাদের পার্টিকুলেট সাইজের কারণে, সাধারণ বর্জ্য নিষ্পত্তির মাধ্যমে সমাধান করা কঠিন হতে পারে। ফলে এগুলো পরিবেশে দীর্ঘস্থায়ী হতে পারে, যা পারিপার্শ্বিক জীববৈচিত্র্য এবং পরিবেশের জন্য ক্ষতিকর।

১৪.৫ সবুজ ন্যানোপ্রযুক্তির নিরাপদ ব্যবহার এবং নিয়ন্ত্রণ

সবুজ ন্যানোপ্রযুক্তির নিরাপদ ব্যবহার এবং পরিবেশে তার প্রভাব কমাতে কিছু পদক্ষেপ গ্রহণ করা যেতে পারে:

১. মানসম্মত গবেষণা এবং নিরাপত্তা পরীক্ষা: সবুজ ন্যানোপ্রযুক্তি ব্যবহারের আগে এর নিরাপত্তা এবং স্বাস্থ্যগত প্রভাব নিয়ে বিস্তারিত গবেষণা চালানো উচিত। একইভাবে, প্রযুক্তির সঠিক ব্যবহার নিশ্চিত করতে নিরাপত্তা পরীক্ষা করা অত্যন্ত জরুরি।

২. পরিবেশবান্ধব ডিজাইন: সবুজ ন্যানোপ্রযুক্তি ডিজাইনের ক্ষেত্রে এমন পদ্ধতি অবলম্বন করা উচিত, যাতে পরিবেশে তার প্রভাব কম থেকে কম হয় এবং এর পরিণতি সুরক্ষিত থাকে। এর মধ্যে রয়েছে জীবাণু-বিনাশী, পুনঃব্যবহারযোগ্য এবং ক্ষতিকর রসায়ন থেকে মুক্ত প্রযুক্তি তৈরি।

৩. যথাযথ নিয়ন্ত্রণ এবং আইন: সরকার ও আন্তর্জাতিক সংস্থাগুলির মধ্যে একটি বৈশ্বিক নীতিমালা গঠন করতে হবে, যা সবুজ ন্যানোপ্রযুক্তির নিরাপদ ব্যবহার এবং পরিবেশের উপর তার প্রভাব নিয়ন্ত্রণ করবে।

১৪.৬ উপসংহার

সবুজ ন্যানোপ্রযুক্তি যদিও বিশ্বব্যাপী নানান সুবিধা প্রদান করতে সক্ষম, তবে তার নিরাপত্তা, স্বাস্থ্য এবং পরিবেশগত প্রভাব সম্পর্কে সচেতন হওয়া অত্যন্ত গুরুত্বপূর্ণ। মানবস্বাস্থ্য এবং পরিবেশের প্রতি এর প্রভাবের বিষয়ে আরো গভীর গবেষণা এবং সতর্ক পদক্ষেপ গ্রহণ করতে হবে, যাতে ভবিষ্যতে এই প্রযুক্তির নিরাপদ ও টেকসই ব্যবহার নিশ্চিত করা যায়। এই অধ্যায়ে আলোচিত পদক্ষেপগুলো অনুসরণ করে আমরা সবুজ ন্যানোপ্রযুক্তির ইতিবাচক সম্ভাবনাকে সর্বোচ্চ পর্যায়ে নিয়ে যেতে পারি।

এই অধ্যায়ের পর, পরবর্তী অধ্যায়ে আমরা আলোচনা করব সবুজ ন্যানোপ্রযুক্তির বাণিজ্যিকীকরণ এবং এর প্রযুক্তিগত-অর্থনৈতিক চ্যালেঞ্জ নিয়ে।

পনেরতম অধ্যায়: সবুজ ন্যানোপ্রযুক্তির বাণিজ্যিকীকরণ এবং প্রযুক্তিগত-অর্থনৈতিক চ্যালেঞ্জ

১৫.১ ভূমিকা

সবুজ ন্যানোপ্রযুক্তির ক্ষেত্রে প্রযুক্তিগত এবং অর্থনৈতিক চ্যালেঞ্জগুলির মুখোমুখি হতে হলে, এর বাণিজ্যিকীকরণ প্রক্রিয়াটি অত্যন্ত গুরুত্বপূর্ণ। ন্যানোপ্রযুক্তি দ্রুত বিকশিত হলেও, এর বাণিজ্যিকীকরণ এবং বাজারে বাস্তবায়ন সম্পর্কিত নানা ধরনের সমস্যা রয়েছে। এই অধ্যায়ে আমরা আলোচনা করব সবুজ ন্যানোপ্রযুক্তির বাণিজ্যিকীকরণ প্রক্রিয়া, তার সম্ভাবনা, এবং প্রযুক্তিগত ও অর্থনৈতিক চ্যালেঞ্জগুলো কীভাবে মোকাবিলা করা যেতে পারে।

১৫.২ সবুজ ন্যানোপ্রযুক্তির বাণিজ্যিকীকরণের প্রয়োজনীয়তা

ন্যানোপ্রযুক্তি তার উন্নত কার্যক্ষমতা, ক্ষুদ্র আকার এবং বিভিন্ন শিল্পে ব্যবহারের ক্ষমতার কারণে বিশ্বব্যাপী আগ্রহের কেন্দ্রবিন্দুতে পরিণত হয়েছে। তবে, সবুজ ন্যানোপ্রযুক্তি বাণিজ্যিকীকরণ একটি দীর্ঘ এবং জটিল প্রক্রিয়া, যার জন্য একটি সুসংহত নীতি, প্রযুক্তিগত উন্নয়ন এবং বাজারের চাহিদার উপযুক্ত সমন্বয়ের প্রয়োজন। এর মধ্যে রয়েছে:

১. পরিবেশবান্ধব পণ্য উৎপাদন: সবুজ ন্যানোপ্রযুক্তি বাণিজ্যিকীকরণ করলে পরিবেশবান্ধব এবং টেকসই পণ্য তৈরির সুযোগ সৃষ্টি হবে। উদাহরণস্বরূপ, জ্বালানি সাশ্রয়ী এবং পুনঃব্যবহারযোগ্য উপকরণ তৈরি করা, জল এবং বায়ু দূষণ কমানো, এবং সস্তা ও কার্যকরী চিকিৎসা প্রযুক্তি প্রবর্তন করা সম্ভব হবে।

২. জ্ঞানের ভিত্তি এবং বাজারে গ্রহণযোগ্যতা: সবুজ ন্যানোপ্রযুক্তি এখনও গবেষণার স্তরে বেশি বিকশিত হয়েছে। তাই, এর বাণিজ্যিকীকরণ শুরু করতে হলে, গবেষণা এবং উন্নয়ন

(R&D) খাতে বিনিয়োগ বাড়ানোর পাশাপাশি, বাজারের চাহিদা এবং প্রবণতা সঠিকভাবে বিশ্লেষণ করতে হবে।

১৫.৩ প্রযুক্তিগত চ্যালেঞ্জ

সবুজ ন্যানোপ্রযুক্তির বাণিজ্যিকীকরণে কিছু প্রযুক্তিগত চ্যালেঞ্জ রয়েছে, যার সমাধান করা প্রয়োজন।

১. উৎপাদন প্রক্রিয়া: সবুজ ন্যানোপ্রযুক্তি উৎপাদন প্রক্রিয়া এখনও অনেক ক্ষেত্রে ব্যয়বহুল এবং প্রযুক্তিগতভাবে চ্যালেঞ্জিং। ন্যানোপার্টিকল এবং ন্যানোম্যাটেরিয়ালগুলোর জন্য নির্দিষ্ট মান এবং স্কেল তৈরি করা এখনও কঠিন।

২. উচ্চ মানসম্পন্ন উপকরণের প্রাপ্যতা: সবুজ ন্যানোপ্রযুক্তির জন্য প্রয়োজনীয় উপকরণ এবং কাঁচামাল মাঝে মাঝে সীমিত এবং উচ্চমানসম্পন্ন। এই উপকরণের প্রাপ্যতা বাজারের জন্য একটি গুরুত্বপূর্ণ বাধা হতে পারে। কিছু উপকরণের উৎপাদন প্রক্রিয়া পরিবেশের জন্য ক্ষতিকর হতে পারে, যা এর সবুজ দৃষ্টিভঙ্গির বিপরীত।

৩. স্কেলআপ সমস্যা: যত বেশি ছোট আকারে ন্যানোপ্রযুক্তির উপকরণ প্রস্তুত করা হয়, তত বেশি সমস্যা দেখা দেয় এর স্কেলআপ প্রক্রিয়ায়। ছোট আকারের উপকরণ ব্যাপকভাবে উৎপাদন করার ক্ষেত্রে প্রযুক্তিগত বাধা সৃষ্টি হতে পারে, যেমন তাদের গুণগত মান বজায় রাখা এবং সমন্বয় সাধন করা।

১৫.৪ অর্থনৈতিক চ্যালেঞ্জ

সবুজ ন্যানোপ্রযুক্তির বাণিজ্যিকীকরণে কিছু অর্থনৈতিক চ্যালেঞ্জও রয়েছে।

১. উচ্চ গবেষণা এবং উন্নয়ন খরচ: সবুজ ন্যানোপ্রযুক্তির বাণিজ্যিকীকরণের জন্য প্রচুর পরিমাণে গবেষণা এবং উন্নয়ন খরচ প্রয়োজন। এছাড়া, পরীক্ষামূলক উৎপাদন এবং পরীক্ষণের জন্যও অতিরিক্ত বিনিয়োগ প্রয়োজন হতে পারে। অনেকসময়, এই খরচ উৎপাদন পর্যায়ে পৌঁছানোর আগে অর্থনৈতিকভাবে লাভজনক হতে পারে না।

২. বাজারের চাহিদা এবং গ্রহণযোগ্যতা: সবুজ ন্যানোপ্রযুক্তির ক্ষেত্রে বাজারে গ্রহণযোগ্যতা নিশ্চিত করা কঠিন। অনেক ক্ষেত্রেই, ক্রেতারা নতুন প্রযুক্তি বা পণ্য সম্পর্কে সন্দিহান থাকে এবং এটি দীর্ঘমেয়াদী লাভজনক হবে কিনা তা নিয়ে ভাবনা থাকে। এই কারণে বাজারে প্রবেশ করা এবং প্রযুক্তি গ্রহণ করা কঠিন হতে পারে।

৩. সরকারী নীতি এবং প্রণোদনা: সরকারের নীতি এবং প্রণোদনা প্যাকেজগুলি সবুজ ন্যানোপ্রযুক্তির জন্য গুরুত্বপূর্ণ ভূমিকা রাখতে পারে। এই প্রযুক্তির জন্য সরকারী গবেষণা, গ্রান্ট, করছাড় এবং অন্যান্য প্রণোদনা সুবিধা প্রদান করা প্রয়োজন, যা ব্যবসায়ী এবং উদ্যোক্তাদের উৎসাহিত করতে সাহায্য করবে।

১৫.৫ সবুজ ন্যানোপ্রযুক্তির বাজার সম্ভাবনা

সবুজ ন্যানোপ্রযুক্তির বাজারে প্রবেশ করতে হলে কিছু কৌশল গ্রহণ করা প্রয়োজন। এগুলো অন্তর্ভুক্ত:

১. যৌথ উদ্যোগ (Partnerships) এবং সহযোগিতা: গবেষণা প্রতিষ্ঠান, শিল্প এবং সরকারী সংস্থাগুলির মধ্যে সহযোগিতা সবুজ ন্যানোপ্রযুক্তির বাণিজ্যিকীকরণকে সহায়ক হতে পারে। যৌথ উদ্যোগ গঠন করে উন্নত প্রযুক্তি এবং উদ্ভাবনের মাধ্যমে বাজারে প্রবেশ করা সম্ভব।

২. সচেতনতা বৃদ্ধি এবং গ্রাহক শিক্ষা: সবুজ ন্যানোপ্রযুক্তি সম্পর্কে জনগণের সচেতনতা বৃদ্ধি করা এবং গ্রাহকদের নতুন প্রযুক্তির সুবিধা সম্পর্কে শিক্ষা দেওয়া অপরিহার্য। এর মাধ্যমে গ্রাহকরা নতুন পণ্য গ্রহণ করতে উৎসাহিত হবে।

৩. নীতি-নির্ধারণ এবং দীর্ঘমেয়াদী পরিকল্পনা: নতুন প্রযুক্তি সম্পর্কে সঠিক নীতি-নির্ধারণ এবং প্রণোদনা প্রদান করে সরকার শিল্পকে সহায়তা করতে পারে। এই প্রণোদনার মাধ্যমে উদ্যোক্তারা ব্যবসা শুরু করতে উৎসাহিত হবে এবং তা প্রযুক্তির বিকাশে সহায়ক হবে।

১৫.৬ উপসংহার

সবুজ ন্যানোপ্রযুক্তির বাণিজ্যিকীকরণ একটি জটিল এবং চ্যালেঞ্জিং প্রক্রিয়া, তবে এটি সফল হলে তা বিশ্বব্যাপী পরিবেশ এবং সমাজের উন্নয়নে গুরুত্বপূর্ণ ভূমিকা রাখতে পারে। প্রযুক্তিগত এবং অর্থনৈতিক চ্যালেঞ্জগুলি মোকাবেলা করে, সচেতনতা তৈরি এবং সঠিক নীতি গ্রহণের মাধ্যমে সবুজ ন্যানোপ্রযুক্তির বাণিজ্যিকীকরণ সম্ভব। পরবর্তী অধ্যায়ে আমরা আলোচনা করব সবুজ ন্যানোপ্রযুক্তির ভবিষ্যৎ সম্ভাবনা এবং এটির উদ্ভাবন ও গবেষণার ভবিষ্যত প্রবণতা নিয়ে।

ষোলতম অধ্যায়: সবুজ ন্যানোপ্রযুক্তির সামাজিক ও নৈতিক প্রভাব

১৬.১ ভূমিকা

সবুজ ন্যানোপ্রযুক্তি যেমন পরিবেশগত চ্যালেঞ্জ মোকাবিলা করতে সহায়ক, তেমনি এর ব্যবহারে সামাজিক ও নৈতিক প্রশ্নও উত্থিত হতে পারে। প্রযুক্তির অগ্রগতি নতুন দিগন্ত খুলে দেয়, তবে সেই অগ্রগতির প্রভাব যদি সঠিকভাবে মূল্যায়ন না করা হয়, তা সমাজে বিভিন্ন সমস্যা সৃষ্টি করতে পারে। এই অধ্যায়ে আমরা আলোচনা করব সবুজ ন্যানোপ্রযুক্তির সামাজিক এবং নৈতিক প্রভাব, যার মধ্যে মানবাধিকার, সামাজিক বৈষম্য, এবং পরিবেশগত ন্যায্যতা রয়েছে। আমরা কীভাবে এই চ্যালেঞ্জগুলিকে সমাধান করতে পারি, তা নিয়েও আলোচনা করব।

১৬.২ সবুজ ন্যানোপ্রযুক্তির সামাজিক প্রভাব

সবুজ ন্যানোপ্রযুক্তির মূল লক্ষ্য হলো পরিবেশ এবং মানবজাতির কল্যাণ। তবে, এর সামাজিক প্রভাব অনেক সময় সরাসরি মানুষের জীবনে প্রতিফলিত হতে পারে। এই প্রযুক্তির অগ্রগতি বিভিন্ন সামাজিক দৃষ্টিকোণ থেকে সমস্যার সৃষ্টি করতে পারে।

১. সামাজিক বৈষম্য: ন্যানোপ্রযুক্তি খাতে যারা সর্বোচ্চ সুবিধা পাবে, তারা সাধারণত উন্নত দেশের মানুষ বা প্রতিষ্ঠান। তাদের কাছে নতুন প্রযুক্তি ও গবেষণার সুবিধা সহজলভ্য হলেও, উন্নয়নশীল দেশগুলির কাছে এটি অতিরিক্ত ব্যয়বহুল হতে পারে। এর ফলে সামাজিক বৈষম্য বৃদ্ধি পেতে পারে এবং সমগ্র বিশ্বের জন্য এর সুবিধা প্রবাহিত হতে পারে না।

২. মানবাধিকার ও স্বাস্থ্য: ন্যানোপ্রযুক্তির ব্যবহারে মানবাধিকারও এক গুরুত্বপূর্ণ দিক। নতুন প্রযুক্তির মাধ্যমে যে ধরনের স্বাস্থ্য সেবা ও চিকিৎসা সেবা উন্নত হবে, তা যাতে সাধারণ মানুষের জন্য সহজলভ্য হয়, তা নিশ্চিত করা জরুরি। যদি প্রযুক্তিটি শুধু ধনী শ্রেণির জন্য উপকারী হয়ে থাকে, তবে তা মানবাধিকার লঙ্ঘন হতে পারে।

৩. উন্নত জীবনযাত্রা: সবুজ ন্যানোপ্রযুক্তির মাধ্যমে যে উদ্ভাবনগুলি হবে, তা সামাজিক উন্নয়নে ভূমিকা রাখতে পারে। স্বাস্থ্য, খাদ্য, পানি, জ্বালানি ও পরিবেশের দিকে বিশেষ মনোযোগ দেওয়া হলে, নিম্ন আয়ের মানুষের জীবনযাত্রার মান বৃদ্ধি হতে পারে।

১৬.৩ সবুজ ন্যানোপ্রযুক্তির নৈতিক প্রভাব

সবুজ ন্যানোপ্রযুক্তির উদ্ভাবন ও প্রয়োগে কিছু নৈতিক দৃষ্টিভঙ্গি ও প্রশ্নও উত্থিত হয়। আমাদের উচিত প্রযুক্তির ব্যবহার সমাজের সর্বোচ্চ কল্যাণে, নৈতিক এবং ন্যায্যভাবে করা।

১. পরিবেশগত ন্যায্যতা: সবুজ ন্যানোপ্রযুক্তির সাহায্যে পরিবেশের উন্নয়ন সাধন করা সম্ভব হলেও, এর ব্যবহার নিশ্চিত করতে হবে পরিবেশগত ন্যায্যতার সাথে। উন্নত দেশগুলিতে এই প্রযুক্তির ব্যবহার বৃদ্ধি পেলেও, এটি যদি উন্নয়নশীল দেশগুলিতে পৌঁছাতে না পারে, তবে এটি একটি নৈতিক প্রশ্ন তৈরি করবে। ফলে, সবার জন্য সমান সুযোগ নিশ্চিত করা প্রয়োজন।

২. প্রযুক্তিগত অভিজ্ঞান ও জ্ঞানী দ্বন্দ্ব: সবুজ ন্যানোপ্রযুক্তি যে দ্রুত উন্নয়নশীল, তা বহু গবেষণায় প্রমাণিত। কিন্তু, এই প্রযুক্তি কতটুকু এবং কীভাবে মানুষের জীবনযাত্রার জন্য উপকারী হতে পারে, তা সঠিকভাবে মূল্যায়ন করা জরুরি। এছাড়া, প্রযুক্তি ব্যবহারের ক্ষেত্রে নৈতিক দ্বন্দ্ব সৃষ্টি হতে পারে, যেমন: "কীভাবে এই প্রযুক্তি ব্যবহার করা হবে?" "এর মাধ্যমে মানুষের জীবনযাত্রা কেমন প্রভাবিত হবে?" এসব প্রশ্নের উত্তর দেওয়া জরুরি।

৩. প্রযুক্তির অপব্যবহার: সবুজ ন্যানোপ্রযুক্তি অপব্যবহারের ফলে সমাজে নেতিবাচক প্রভাব সৃষ্টি হতে পারে। যদি এই প্রযুক্তির গবেষণা ও উন্নয়ন ঠিকভাবে পরিচালিত না হয়, তবে তা অনৈতিক উদ্দেশ্যে ব্যবহৃত হতে পারে, যেমন: পরিবেশের উপর ক্ষতিকর প্রভাব, স্বাস্থ্যগত সমস্যা, কিংবা সন্ত্রাসী কার্যক্রমে এর ব্যবহার।

১৬.৪ সবুজ ন্যানোপ্রযুক্তির সামাজিক দায়িত্ব

সবুজ ন্যানোপ্রযুক্তির উদ্ভাবনে সামাজিক দায়িত্ব অনেক গুরুত্বপূর্ণ ভূমিকা পালন করে। এটি শুধু বাণিজ্যিক সফলতার জন্য নয়, বরং বিশ্বব্যাপী মানবকল্যাণের জন্য কাজ করতে হবে।

১. সামাজিক উদ্যোগ এবং সহযোগিতা: প্রযুক্তি উদ্ভাবনে সকল সেক্টরের—গবেষণা, শিল্প, সরকার এবং সমাজ—সহযোগিতা অত্যন্ত গুরুত্বপূর্ণ। সবুজ ন্যানোপ্রযুক্তির বিকাশ এবং তা বাস্তবায়নে সরকারের এবং সমাজের সমর্থন প্রয়োজন। শুধু সরকারি নীতি নয়, ব্যক্তি ও প্রতিষ্ঠানগুলোরও এই প্রযুক্তির প্রতি দায়বদ্ধতা থাকতে হবে।

২. প্রজ্ঞাপত্র এবং নৈতিক কোড: সবুজ ন্যানোপ্রযুক্তি ব্যবহারের ক্ষেত্রে একটি নৈতিক কোড প্রণয়ন অত্যন্ত জরুরি। যাতে প্রযুক্তির বিকাশ সঠিকভাবে সামাজিক কল্যাণের দিকে পরিচালিত হয়। এজন্য আন্তর্জাতিকভাবে কিছু নৈতিক নির্দেশনা তৈরি করা প্রয়োজন যা প্রযুক্তির বিকাশ এবং প্রয়োগকে সঠিক পথে পরিচালিত করবে।

৩. দীর্ঘমেয়াদী পরিকল্পনা: সবুজ ন্যানোপ্রযুক্তির ব্যবহার থেকে যা অর্জন হবে, তা দীর্ঘমেয়াদী হতে হবে। এ জন্য সঠিক পরিকল্পনা এবং বাস্তবায়ন জরুরি। যেন এর দ্বারা উন্নয়নশীল দেশগুলোও উপকৃত হতে পারে এবং এতে বৈষম্য না সৃষ্টি হয়।

১৬.৫ উপসংহার

সবুজ ন্যানোপ্রযুক্তির ব্যবহার শুধু বিজ্ঞানী ও প্রকৌশলীদের দায়িত্ব নয়, এটি আমাদের সমাজের প্রতিটি স্তরের দায়িত্ব। এর সম্ভাবনা শুধু পরিবেশ এবং অর্থনীতির জন্য নয়, মানুষের কল্যাণের জন্যও। তবে, এর প্রয়োগে সামাজিক ও নৈতিক দিকগুলোও সঠিকভাবে মূল্যায়ন করতে হবে, যাতে এটি সমাজের সর্বোচ্চ কল্যাণে কাজে লাগতে পারে। তাই আমাদের উচিত সকল স্তরে সতর্কতা অবলম্বন করে সবুজ ন্যানোপ্রযুক্তির উন্নয়ন এবং ব্যবহার নিশ্চিত করা।

সতেরতম অধ্যায়: সবুজ ন্যানোপ্রযুক্তির পরিবেশগত প্রভাব এবং প্রযুক্তিগত সমাধান

১৭.১ ভূমিকা

বিশ্বব্যাপী পরিবেশগত চ্যালেঞ্জগুলির মধ্যে অন্যতম হলো জলবায়ু পরিবর্তন, পরিবেশ দূষণ, প্রাকৃতিক সম্পদের ক্ষয়, এবং জীববৈচিত্র্যের অভাব। এই সমস্যাগুলির সমাধান করতে পরিবেশবান্ধব প্রযুক্তি যেমন সবুজ ন্যানোপ্রযুক্তি গুরুত্বপূর্ণ ভূমিকা পালন করতে পারে। সবুজ ন্যানোপ্রযুক্তি হলো এমন একটি প্রযুক্তি যা পরিবেশের উপর কম প্রভাব ফেলে এবং এতে পুনঃব্যবহারযোগ্য বা পরিবেশগতভাবে বন্ধুত্বপূর্ণ উপকরণ ব্যবহার করা হয়। এই অধ্যায়ে আমরা আলোচনা করব সবুজ ন্যানোপ্রযুক্তির পরিবেশগত প্রভাব এবং কীভাবে এটি প্রযুক্তিগত সমাধান হিসেবে কাজ করতে পারে।

১৭.২ সবুজ ন্যানোপ্রযুক্তি ও পরিবেশ সংরক্ষণ

সবুজ ন্যানোপ্রযুক্তি পরিবেশ সংরক্ষণের জন্য এক নতুন সম্ভাবনা তৈরি করেছে। এর ব্যবহারে কম ক্ষতিকর রাসায়নিক উপকরণ এবং পুনর্ব্যবহারযোগ্য উপকরণ ব্যবহার করা সম্ভব হয়, যা পরিবেশের উপর কম চাপ ফেলে।

১. দূষণ নিয়ন্ত্রণ: সবুজ ন্যানোপ্রযুক্তির মাধ্যমে বায়ু, জল এবং মাটির দূষণ নিয়ন্ত্রণ করা সম্ভব। উদাহরণস্বরূপ, ন্যানোফিল্টার ব্যবহার করে পানি থেকে রাসায়নিক ও জীবাণু অপসারণ করা যেতে পারে। আবার, বিশেষ ধরনের ন্যানোশেল বা ন্যানোপার্টিকল দ্বারা বায়ু দূষণ কমানোর উপায়ও রয়েছে।

২. শক্তি সঞ্চয় ও দক্ষতা বৃদ্ধি: সবুজ ন্যানোপ্রযুক্তির মাধ্যমে শক্তি সঞ্চয় ও এর দক্ষতা বৃদ্ধি করা সম্ভব। উদাহরণস্বরূপ, সোলার প্যানেলের কার্যকারিতা বৃদ্ধির জন্য ন্যানোস্কেল উপকরণ ব্যবহার করা হয়, যা সূর্যের আলোকে আরও কার্যকরভাবে শোষণ করতে সহায়তা করে।

৩. **পুনঃব্যবহারযোগ্য উপকরণ:** সবুজ ন্যানোপ্রযুক্তি পুনঃব্যবহারযোগ্য উপকরণের ব্যবহারের দিকে এগিয়ে যাচ্ছে। বিশেষত প্লাস্টিক এবং অন্যান্য ভোগ্যপণ্যগুলির পুনর্ব্যবহার এবং পুনঃসঞ্চয়ের মাধ্যমে পরিবেশের উপর চাপ কমানো সম্ভব।

১৭.৩ পরিবেশগত সমস্যার সমাধানে ন্যানোপ্রযুক্তির উদ্ভাবন

সবুজ ন্যানোপ্রযুক্তি এমন কিছু উদ্ভাবন এনে দিয়েছে যা পরিবেশগত সমস্যা সমাধানে কার্যকরী হতে পারে। উদাহরণ হিসেবে নিচের কিছু প্রযুক্তি দেখানো হলো:

১. **জলবায়ু পরিবর্তন প্রতিরোধে:** ন্যানোফটোনিক্স এবং সোলার প্যানেল প্রযুক্তির সাহায্যে বিদ্যুৎ উৎপাদন করা সম্ভব, যা কম কার্বন নিঃসরণ করে। এই প্রযুক্তি জলবায়ু পরিবর্তন প্রতিরোধে সহায়ক হতে পারে। এর মাধ্যমে প্রচুর পরিমাণে সৌর শক্তি সংগ্রহ করে বৈশ্বিক উষ্ণতা বৃদ্ধির প্রতিরোধ করা যায়।

২. **বর্জ্য ব্যবস্থাপনা:** সবুজ ন্যানোপ্রযুক্তি বর্জ্য ব্যবস্থাপনাতেও গুরুত্বপূর্ণ ভূমিকা পালন করতে পারে। ন্যানোপার্টিকলগুলোর সাহায্যে বর্জ্য থেকে ক্ষতিকর রাসায়নিক পদার্থ সরানো বা বিশুদ্ধ করা সম্ভব। এর মাধ্যমে পরিবেশে রাসায়নিক বর্জ্য দূষণ কমানো যায়।

৩. **পানি পরিশোধন:** ন্যানোপ্রযুক্তির মাধ্যমে পানি পরিশোধন অত্যন্ত কার্যকরীভাবে করা সম্ভব। ন্যানোফিল্টার এবং সিলভার ন্যানোপার্টিকল ব্যবহার করে পানি থেকে জীবাণু, অযাচিত পদার্থ, এবং বিভিন্ন রাসায়নিক দূষণ দূর করা যায়। এতে করে নিরাপদ পানীয় জল নিশ্চিত করা সম্ভব।

১৭.৪ প্রযুক্তিগত চ্যালেঞ্জ এবং সমাধান

যতটা সম্ভব সবুজ ন্যানোপ্রযুক্তি পরিবেশের জন্য উপকারী হতে পারে, ততটা কিছু প্রযুক্তিগত চ্যালেঞ্জও রয়েছে। এই চ্যালেঞ্জগুলো মোকাবিলা করতে আমাদের আরও গবেষণা ও উন্নয়ন প্রয়োজন।

১. **ন্যানোউপকরণের পরিবেশে প্রভাব:** ন্যানোউপকরণের পরিবেশে কী ধরনের প্রভাব পড়তে পারে, তা সম্পর্কে বিস্তারিত গবেষণা প্রয়োজন। যদিও ন্যানোউপকরণের

অনেকটাই পরিবেশের জন্য নিরাপদ, কিছু কিছু উপকরণ হয়তো দূষণের কারণ হতে পারে। এর ফলে, ন্যানোউপকরণের সঠিক ব্যবহারের নীতিমালা তৈরি করা জরুরি।

২. উচ্চ ব্যয় এবং প্রাপ্যতা: সবুজ ন্যানোপ্রযুক্তির উন্নয়ন ও উৎপাদন প্রক্রিয়া কিছুটা ব্যয়বহুল হতে পারে। তবে, যদি এর কার্যকারিতা এবং লাভ দীর্ঘমেয়াদী হয়, তবে এটি সামগ্রিকভাবে লাভজনক হতে পারে। প্রযুক্তি আরও উন্নত ও সহজলভ্য করতে গবেষণা চালিয়ে যেতে হবে।

৩. প্রযুক্তির অপ্রতুল বাস্তবায়ন: কিছু উন্নয়নশীল দেশে সবুজ ন্যানোপ্রযুক্তির ব্যবহার এবং এর উপকারিতা এখনও সীমিত। তাই এই প্রযুক্তির প্রাপ্যতা নিশ্চিত করতে আন্তর্জাতিক সহযোগিতা এবং সমন্বিত নীতিমালা প্রয়োজন।

১৭.৫ উপসংহার

সবুজ ন্যানোপ্রযুক্তি পরিবেশগত সমস্যা সমাধানে একটি সম্ভাবনাময় প্রযুক্তি হিসেবে আবির্ভূত হয়েছে। এই প্রযুক্তি পরিবেশের উপর ক্ষতিকর প্রভাব কমিয়ে, পুনঃব্যবহারযোগ্য উপকরণ ও শক্তি সঞ্চয়ের মাধ্যমে পরিবেশের প্রতি আমাদের দায়বদ্ধতা পূর্ণ করতে সাহায্য করতে পারে। তবে, এর সঠিক ব্যবহার এবং প্রণয়ন প্রক্রিয়ায় উন্নয়নশীল দেশগুলোর জন্য একটি সঠিক নীতি এবং কাঠামো তৈরি করা উচিত। এটি পরিবেশ ও মানবতার জন্য একটি টেকসই ভবিষ্যত নিশ্চিত করতে সাহায্য করবে।

আটারতম অধ্যায়: সবুজ ন্যানোপ্রযুক্তি ও মহাকাশ বিজ্ঞান: ভবিষ্যতের পথে এক নতুন দিগন্ত

মহাকাশ বিজ্ঞান বা স্পেস সায়েন্স মানব সভ্যতার অন্যতম গুরুত্বপূর্ণ ও রহস্যময় ক্ষেত্র। মানুষের মহাকাশে যাত্রা, গ্রহ ও নক্ষত্রের সনাক্তকরণ, মহাকাশের অপরিচিত প্রাকৃতিক বিষয়গুলির বিশ্লেষণ, এবং এমনকি ভবিষ্যতে বসবাসযোগ্য গ্রহের সন্ধান সবই এই বিজ্ঞানী অঙ্গনের অন্তর্গত। কিন্তু মহাকাশের বিশালতা এবং তার শূন্যতার মধ্যে কাজ করার জন্য যে প্রযুক্তির প্রয়োজন, তা অত্যন্ত জটিল এবং চ্যালেঞ্জিং। সেখানে **সবুজ ন্যানোপ্রযুক্তি** একটি বিপ্লবী ভূমিকা রাখতে পারে। এই ব্লগে আমরা বিস্তারিতভাবে জানব কিভাবে সবুজ ন্যানোপ্রযুক্তি মহাকাশ বিজ্ঞানে ব্যবহৃত হচ্ছে এবং ভবিষ্যতে এর প্রভাব কী হতে পারে।

সবুজ ন্যানোপ্রযুক্তির মহাকাশে ব্যবহার

১৮.১ শক্তি উৎপাদন ও সঞ্চয়:

মহাকাশে, বিশেষ করে চাঁদ বা মঙ্গল গ্রহে অভিযান পরিচালনার জন্য শক্তির সঠিক উৎপাদন ও সঞ্চয় অত্যন্ত গুরুত্বপূর্ণ। পৃথিবী থেকে মহাকাশে যাত্রা করতে যে শক্তি প্রয়োজন, তা সরবরাহ করা অত্যন্ত ব্যয়বহুল। কিন্তু সবুজ ন্যানোপ্রযুক্তি শক্তির দক্ষতা এবং সঞ্চয় ব্যবস্থায় নতুন দ্বার উন্মোচন করতে পারে।

ন্যানোস্কেল সোলার প্যানেলগুলি কম জায়গায় বেশি শক্তি উৎপাদন করতে সক্ষম। এসব প্যানেল মহাকাশে সহজে ব্যবহার করা যায়, কারণ তাদের আকার তুলনামূলকভাবে ছোট, এবং তারা পরিবেশের জন্য ক্ষতিকর নয়। এছাড়াও, ন্যানোব্যাটারি এবং সুপার ক্যাপাসিটরের মাধ্যমে শক্তি সঞ্চয় করার প্রযুক্তি মহাকাশযানে ব্যবহার করা যেতে পারে, যা দীর্ঘ যাত্রার জন্য শক্তির স্বতন্ত্র উৎস প্রদান করতে পারে।

১৮.২. পরিবেশ সুরক্ষা এবং জীবনের উপযোগী ব্যবস্থা:

মহাকাশের পরিবেশে জীবন ধারণের জন্য প্রয়োজনীয় উপাদানগুলি, যেমন অক্সিজেন এবং পানি, সরবরাহ করতে প্রযুক্তির উন্নতি দরকার। ন্যানোপ্রযুক্তি ব্যবহার করে মহাকাশযানে শ্বাসপ্রশ্বাসের বাতাসের পরিশোধন এবং পানি পুনঃচক্রাকার ব্যবস্থার উন্নতি ঘটানো সম্ভব।

যতটুকু আমরা জানি, মহাকাশে অক্সিজেনের অভাব, পানির সংকট, এবং অন্যান্য জীবন ধারণের সমস্যাগুলি একটি বড় চ্যালেঞ্জ। ন্যানোফিল্টার প্রযুক্তির মাধ্যমে আমরা এই সমস্যাগুলোর সমাধান করতে পারি। বিশেষত, ন্যানোস্কেল উপকরণ ব্যবহার করে বাতাসের মধ্যে থেকে কার্বন ডাই অক্সাইড শোষণ এবং অক্সিজেন মুক্তি প্রদান করতে পারা সম্ভব।

১৮.৩. ক্ষুদ্র যন্ত্রপাতি এবং সেন্সর:

মহাকাশ গবেষণায় যন্ত্রপাতির আকার এবং কার্যকারিতা অত্যন্ত গুরুত্বপূর্ণ। এক্ষেত্রে ন্যানোপ্রযুক্তি অত্যন্ত কার্যকর হতে পারে। ন্যানোসেন্সর প্রযুক্তি ব্যবহার করে মহাকাশযানে বিভিন্ন ধরনের পরিমাপ করা যায়, যেমন তাপমাত্রা, চাপ, গ্যাসের মাত্রা ইত্যাদি। এই সেন্সরগুলো খুব ছোট, শক্তিশালী এবং মহাকাশের পরিবেশের উপযোগী।

এছাড়া, ন্যানোফ্যাব্রিকেশন প্রযুক্তি ব্যবহার করে উচ্চ দক্ষতাসম্পন্ন যন্ত্রপাতি তৈরি করা যায় যা কম জায়গা দখল করে এবং কম শক্তি ব্যবহার করে দীর্ঘ সময় ধরে কাজ করতে পারে। এসব যন্ত্রপাতি মহাকাশে গবেষণা এবং অভিযান পরিচালনা করার জন্য অত্যন্ত গুরুত্বপূর্ণ।

১৮.৪. সাশ্রয়ী উপকরণ ও ডিজাইন:

মহাকাশে একটি যাত্রা এবং মহাকাশযানের ডিজাইন অত্যন্ত ব্যয়বহুল। সবুজ ন্যানোপ্রযুক্তি সাহায্যে আমরা সাশ্রয়ী এবং শক্তিশালী উপকরণ তৈরি করতে পারি, যা মহাকাশযানের কাঠামো এবং উপকরণকে আরও স্থিতিশীল এবং দীর্ঘস্থায়ী করে তোলে।

ন্যানোমেটারিয়ালস যেমন কার্বন ন্যানোটিউব, গ্রাফিন ইত্যাদি উচ্চ শক্তি এবং কম ওজনের ফলে মহাকাশযানের কাঠামোর জন্য উপযুক্ত।

এছাড়া, এই ন্যানোমেটারিয়ালগুলি পরিবেশের জন্য ক্ষতিকর নয় এবং সহজে পুনঃব্যবহারযোগ্য। এর ফলে মহাকাশে অভিযান পরিচালনার খরচ কমানো সম্ভব হবে।

১৮.৫ উপসংহার

সবুজ ন্যানোপ্রযুক্তি মহাকাশ বিজ্ঞানে নতুন উৎসাহ এবং শক্তির পথপ্রদর্শক হতে পারে। এটি শুধু মহাকাশযান এবং মিশনগুলির সফল বাস্তবায়নে সহায়ক নয়, বরং পরিবেশ এবং মানব জীবনের টেকসই উন্নয়নেও গুরুত্বপূর্ণ ভূমিকা রাখতে পারে। মহাকাশের অপরিচিত সীমানায় মানুষের পৌঁছানোর জন্য আমাদের প্রযুক্তি ও গবেষণার নতুন দিগন্ত খোলা দরকার, এবং সবুজ ন্যানোপ্রযুক্তি এই লক্ষ্য অর্জনে একটি শক্তিশালী হাতিয়ার হতে পারে।

এটি একটি পরবর্তী বিপ্লবের ইঙ্গিত, যেখানে বিজ্ঞান, প্রযুক্তি এবং মানবতার মধ্যে একটি সাম্পর্শী সম্পর্ক তৈরি হবে, এবং আমরা মহাকাশকে আরও ভালোভাবে জানার এবং সেখানে টেকসইভাবে বসবাস করার নতুন দিক দেখতে পাব।

উনিশতম অধ্যায়: সবুজ ন্যানোপ্রযুক্তি ও কৃত্রিম বুদ্ধিমত্তা – প্রযুক্তিগত উৎকর্ষতার সবুজ পথচলা

১৯.১. ভূমিকা

বিশ্বব্যাপী প্রযুক্তির অগ্রগতির ফলে যেমন মানুষের জীবনযাত্রা সহজ হয়েছে, তেমনই পরিবেশের ওপর পড়েছে গুরুতর প্রভাব। সবুজ ন্যানোপ্রযুক্তি একটি বিকল্প পথ, যা পরিবেশের ভারসাম্য বজায় রেখে প্রযুক্তির সুফল নিশ্চিত করে। অপরদিকে, কৃত্রিম বুদ্ধিমত্তা বা AI প্রযুক্তিকে করে তুলছে আরও কার্যকর, স্মার্ট এবং পূর্বাভাসযোগ্য। যখন এই দুই প্রযুক্তি একত্রিত হয়, তখন তা শুধু পরিবেশবান্ধব নয়, বরং ভবিষ্যত-বান্ধব উন্নয়নের দিকেও নিয়ে যায়।

১৯.২. সবুজ ন্যানোপ্রযুক্তির মৌলিক ধারণা

সবুজ ন্যানোপ্রযুক্তি এমন একটি ক্ষেত্র যেখানে ন্যানোমাত্রিক প্রযুক্তিকে পরিবেশবান্ধবভাবে উদ্ভাবন, উৎপাদন এবং প্রয়োগ করা হয়। এর মূলনীতি হল:

- বিষাক্ত পদার্থ পরিহার
- শক্তি দক্ষতা বৃদ্ধি
- পুনর্ব্যবহারযোগ্য উপকরণের ব্যবহার
- জীবনচক্র মূল্যায়নের ভিত্তিতে উন্নয়ন

এই প্রযুক্তি পরিবেশ রক্ষা, স্বাস্থ্য সুরক্ষা এবং টেকসই উন্নয়নের দিক থেকে এক গুরুত্বপূর্ণ ধারা।

১৯.৩. কৃত্রিম বুদ্ধিমত্তা: সংক্ষিপ্ত পর্যালোচনা

AI এমন এক প্রযুক্তি যা মানুষের মত চিন্তা করতে পারে, শিখতে পারে এবং সিদ্ধান্ত নিতে পারে। এতে রয়েছে:

- **Machine Learning** - ডেটা থেকে শিখে ভবিষ্যতের সিদ্ধান্ত নেওয়া
- **Neural Networks** - মানব মস্তিষ্কের অনুকরণে তথ্য প্রক্রিয়াকরণ
- **Deep Learning** - জটিল প্যাটার্ন শনাক্তে মাল্টি-লেয়ার বিশ্লেষণ
- **Predictive Analytics** - সম্ভাব্য ঘটনা পূর্বাভাস

এই প্রযুক্তি যেকোনো ক্ষেত্রেই বিশ্লেষণ, অপ্টিমাইজেশন এবং স্বয়ংক্রিয়করণের ভিত্তি গড়ে দেয়।

১৯.৪. সবুজ ন্যানোপ্রযুক্তিতে AI-এর প্রয়োগ

AI-এর মাধ্যমে সবুজ ন্যানোপ্রযুক্তির গবেষণা ও প্রয়োগ আরও গতিশীল ও টেকসই হয়েছে। গুরুত্বপূর্ণ কিছু ক্ষেত্রে AI-এর ব্যবহার:

ক. মেটেরিয়াল ডিজাইন ও ভবিষ্যদ্বাণী

AI-ভিত্তিক অ্যালগরিদম ব্যবহার করে কম সময়ে নতুন ন্যানোম্যাটেরিয়াল ডিজাইন করা সম্ভব হচ্ছে। এটি গবেষণার গতি বৃদ্ধি করছে এবং খরচ কমাচ্ছে।

খ. সিমুলেশন ও রিঅ্যাকশন অপ্টিমাইজেশন

AI বিভিন্ন রিঅ্যাকশন প্যারামিটার (pH, তাপমাত্রা, টাইমিং) নিরীক্ষণ করে অপ্টিমাইজ করে পরিবেশবান্ধব সংশ্লেষণ নিশ্চিত করছে।

গ. রিয়েল-টাইম পরিবেশগত বিশ্লেষণ

ন্যানো-সেন্সর ডেটাকে AI বিশ্লেষণ করে পরিবেশের অবস্থা পূর্বাভাস দিতে পারে, যেমন বায়ু দূষণ, জলদূষণ বা রাসায়নিক দূষণের মাত্রা।

ঘ. কাস্টমাইজড থেরাপি

AI নির্ভর পদ্ধতিতে রোগ অনুযায়ী নির্দিষ্ট ওষুধ পরিবহনকারী ন্যানোপার্টিকল তৈরি করা সম্ভব হচ্ছে।

১৯.৫. কৃষি ও খাদ্য নিরাপত্তায় যৌথ প্রয়োগ

AI ও ন্যানোপ্রযুক্তি একত্রে কৃষিক্ষেত্রে বিশাল ভূমিকা রাখছে:

- স্মার্ট ন্যানোসেন্সর ব্যবহার করে মাটি, পানি, পিএইচ ও আর্দ্রতা পরিমাপ
- AI বিশ্লেষণ করে কখন, কতটুকু সার বা পানি দিতে হবে
- কীটনাশক প্রয়োগে নির্ভুলতা বৃদ্ধি
- ফলনের পূর্বাভাস ও রোগ সনাক্তকরণ

ফলে খাদ্য নিরাপত্তা নিশ্চিত করা আরও সহজ ও টেকসই হচ্ছে।

১৯.৬. স্বাস্থ্যসেবা ও ওষুধ শিল্পে প্রভাব

সবুজ ন্যানোপ্রযুক্তি ও AI-এর যুগল ব্যবহার স্বাস্থ্য খাতে এক বিপ্লব ঘটিয়েছে:

- **নির্দিষ্ট কোষে ওষুধ পরিবহন:** AI সঠিকভাবে নির্ধারণ করে কোন কোষে কোন ড্রাগ পৌঁছাতে হবে
- **রোগ নির্ণয়:** AI বিশ্লেষণ করে ডায়াগনস্টিক ইমেজ এবং ডেটা, যা আরও নির্ভুল সিদ্ধান্তে সাহায্য করে
- **পার্সোনালাইজড থেরাপি:** রোগীর জিনতাত্ত্বিক ডেটা বিশ্লেষণ করে বিশেষায়িত চিকিৎসা প্রদান

১৯.৭. দূষণ নিয়ন্ত্রণ ও জল বিশুদ্ধকরণ

সবুজ ন্যানোপ্রযুক্তি

ন্যানোফিল্টার ও ন্যানোঅ্যাবজর্বেন্টের সাহায্যে দূষণ মোকাবেলা এখন অনেক কার্যকর। AI যুক্ত প্রযুক্তি আরও এগিয়ে নিয়ে গেছে:

- দূষকের ধরন শনাক্ত করা
- স্বয়ংক্রিয়ভাবে ফিল্টারিং স্ট্র্যাটেজি পরিবর্তন
- খরচ ও শক্তি খরচ কমানো

এগুলি জল, বায়ু ও মাটি দূষণ রোধে গুরুত্বপূর্ণ ভূমিকা রাখছে।

১৯.৮. গবেষণাগার ও শিল্পখাতে প্রয়োগ

AI এখন গবেষণা এবং উৎপাদনকে অটোমেটেড করে তুলছে। উদাহরণ:

- **Robot-assisted Synthesis:** AI নিয়ন্ত্রিত রোবটিক প্ল্যাটফর্মে সবুজ কেমিক্যাল রিঅ্যাকশন
- **Process Monitoring:** ন্যানোম্যাটেরিয়াল উৎপাদনে গুণগত মান নিরীক্ষণ
- **Scalability Analysis:** ছোট মাত্রায় আবিষ্কৃত উপকরণ বৃহৎ পর্যায়ে প্রয়োগের সম্ভাব্যতা মূল্যায়ন

১৯.৯. চ্যালেঞ্জসমূহ

সবুজ ন্যানোপ্রযুক্তি ও AI-ভিত্তিক প্রযুক্তির বিস্তারে কিছু সীমাবদ্ধতা:

- **ডেটা সীমাবদ্ধতা:** সবুজ ন্যানোম্যাটেরিয়াল সংক্রান্ত পর্যাপ্ত ওপেন ডেটা এখনো নেই
- **Explainability Crisis:** অনেক AI সিদ্ধান্ত বোঝা যায় না, গবেষণায় অনিশ্চয়তা সৃষ্টি করে
- **প্রযুক্তিগত বৈষম্য:** উন্নয়নশীল দেশগুলোর জন্য এই প্রযুক্তি ব্যয়বহুল ও জটিল
- **নৈতিক ও নিরাপত্তা প্রশ্ন:** অজানা ন্যানোম্যাটেরিয়াল বা AI সিদ্ধান্ত পরিবেশ ও মানবদেহে ঝুঁকি তৈরি করতে পারে

১৯.১০. ভবিষ্যৎ সম্ভাবনা

এই দুই প্রযুক্তির একীভবনের ফলে গঠিত হতে পারে এক নতুন দিগন্ত:

- **AI গাইডেড গ্রিন ল্যাবস**: যেখানে AI নিজেরাই গবেষণা পরিকল্পনা ও রিঅ্যাকশন অপ্টিমাইজ করবে
- **Quantum-AI Integration**: কোয়ান্টাম কম্পিউটিংয়ের সাহায্যে আরও শক্তিশালী পূর্বাভাস ব্যবস্থা
- **অর্থনৈতিক ও সামাজিক ইকুইটি**: কম দামে, সবার জন্য সহজলভ্য প্রযুক্তি নিশ্চিত করা
- **এডুকেশন ও পাবলিক অ্যাওয়ারনেস**: প্রযুক্তি গ্রহণযোগ্যতা বাড়াতে সচেতনতা গড়ে তোলা

১৯.১১. উপসংহার

সবুজ ন্যানোপ্রযুক্তি ও কৃত্রিম বুদ্ধিমত্তার সম্মিলিত প্রয়োগ বর্তমান বিশ্বের জন্য এক অপরিহার্য সমাধান হিসেবে আবির্ভূত হয়েছে। এই প্রযুক্তি কেবল ভবিষ্যতের উন্নয়ন নয়, বরং বর্তমান পৃথিবীকে টিকিয়ে রাখার অন্যতম হাতিয়ার। এখন সময় এসেছে গবেষণা, শিক্ষাপদ্ধতি এবং শিল্পনীতিতে এই প্রযুক্তির সর্বোত্তম ব্যবহার নিশ্চিত করার।

বিশতম অধ্যায়: সবুজ ন্যানোপ্রযুক্তি ও কৃত্রিম বুদ্ধিমত্তা – নীতিনৈতিকতা, বৈশ্বিক সহযোগিতা ও শিক্ষা

১. ভূমিকা: প্রযুক্তি মানেই দায়িত্ব

যখন আমরা সবুজ ন্যানোপ্রযুক্তি এবং কৃত্রিম বুদ্ধিমত্তার কথা বলি, তখন শুধু বিজ্ঞান নয়—বরং এটি একটি দায়িত্ব, একটি অঙ্গীকার। এই প্রযুক্তি পরিবেশকে রক্ষা করার পাশাপাশি মানবজাতির ভবিষ্যৎ গঠনেও গুরুত্বপূর্ণ ভূমিকা রাখছে। কিন্তু প্রযুক্তি যতই আধুনিক হোক, তার পেছনে থাকা **নৈতিক ও সামাজিক দৃষ্টিভঙ্গি** আরও গুরুত্বপূর্ণ।

২. নীতিনৈতিকতা ও ন্যানো-AI প্রযুক্তি

ক. স্বচ্ছতা (Transparency)

AI কীভাবে সিদ্ধান্ত নিচ্ছে, তা জানা অত্যন্ত জরুরি। অনেকসময় ন্যানোডিভাইস পরিচালনায় AI এমন সিদ্ধান্ত নেয় যার ব্যাখ্যা বোঝা কঠিন — এটিই **"black-box problem"**।

খ. নিরাপত্তা (Safety)

ন্যানোম্যাটেরিয়াল মানবদেহ বা প্রকৃতির উপর কী ধরনের দীর্ঘমেয়াদি প্রভাব ফেলে, তা এখনও অনেকাংশে অনির্ধারিত। AI-এর সহায়তায় তা জানা গেলেও, প্রয়োগে সাবধানতা প্রয়োজন।

গ. ন্যায়বিচার (Justice)

সব মানুষ যেন এই প্রযুক্তির সুফল পায়, সে নিশ্চয়তা থাকা উচিত। এটি যেন ধনী ও দরিদ্র, উন্নত ও অনুন্নত বিশ্বের মাঝে বৈষম্য সৃষ্টি না করে, সেদিকে খেয়াল রাখা জরুরি।

৩. বৈশ্বিক সহযোগিতা ও নীতি

সবুজ প্রযুক্তি এবং AI কেবল একটি দেশের বিষয় নয়—এটি **বৈশ্বিক চিন্তার বিষয়**। ন্যায়সংগত, নিরাপদ এবং সার্বজনীন প্রযুক্তির জন্য দরকার আন্তর্জাতিক সহযোগিতা।

ক. আন্তর্জাতিক রেগুলেশন

জাতিসংঘ, UNESCO, WHO, এবং IEEE-এর মতো সংস্থা ইতোমধ্যেই এ বিষয়ে গাইডলাইন তৈরি করছে। ন্যানোম্যাটেরিয়াল ট্র্যাকিং, নিরাপত্তা, এবং AI অ্যালগরিদমের স্বচ্ছতা বিষয়ে বৈশ্বিক আইন দরকার।

খ. গবেষণা তথ্যের ওপেন অ্যাক্সেস

অধিকাংশ উন্নয়নশীল দেশ গবেষণা এবং উন্নয়নে পিছিয়ে পড়ে শুধু তথ্যপ্রবাহের সীমাবদ্ধতার কারণে। ওপেন ডেটা এবং ওপেন সোর্স মডেলের মাধ্যমে প্রযুক্তি সমতার সুযোগ সৃষ্টি করা সম্ভব।

গ. দক্ষিণ-দক্ষিণ সহযোগিতা

বিশেষ করে দক্ষিণ এশিয়া, আফ্রিকা, ল্যাটিন আমেরিকার দেশগুলো নিজেদের মধ্যে ন্যানো-AI গবেষণায় যৌথ প্রকল্প গ্রহণ করতে পারে।

৪. শিক্ষা ও মানবসম্পদ উন্নয়ন

ক. একবিংশ শতাব্দীর শিক্ষাক্রম

বর্তমান শিক্ষা ব্যবস্থায় এখনও অনেক জায়গায় ন্যানোপ্রযুক্তি বা AI সম্পর্কে মৌলিক ধারণা নেই। প্রয়োজন এমন একটি কারিকুলাম যা:

- পরিবেশ ও প্রযুক্তিকে একসাথে শেখায়
- বাস্তবভিত্তিক সমস্যা সমাধানের কৌশল শেখায়
- আন্তঃবিষয়ক (interdisciplinary) জ্ঞান তৈরি করে

খ. গবেষণা-উদ্যোক্তা সংযোগ

বিশ্ববিদ্যালয় ও শিল্প প্রতিষ্ঠানগুলোর মধ্যে সংযোগ তৈরি করে স্টার্টআপ সংস্কৃতি গড়ে তোলা প্রয়োজন। উদ্ভাবনের সঙ্গে বাস্তবায়ন যুক্ত করতে না পারলে প্রযুক্তি থেমে যাবে।

গ. জনসচেতনতা ও প্রযুক্তিগত সাক্ষরতা

প্রযুক্তি শুধু গবেষণাগারে সীমাবদ্ধ থাকলে চলবে না—সাধারণ মানুষকে এর সুফল বোঝানো, ঝুঁকি সম্পর্কে সচেতন করা, এবং অংশগ্রহণে উদ্বুদ্ধ করা প্রয়োজন।

৫. ভবিষ্যতের দিকনির্দেশনা: প্রযুক্তি + নীতি + মানুষ = টেকসই পৃথিবী

যখন প্রযুক্তি, নীতিনৈতিকতা এবং মানবিক মূল্যবোধ একত্র হয়, তখনই প্রকৃত "সবুজ প্রযুক্তি" গড়ে ওঠে। ভবিষ্যৎ পৃথিবীর জন্য কিছু প্রস্তাব:

- **AI Policy Sandbox**: প্রযুক্তি পরীক্ষার জন্য নীতিনির্ধারকদের নেতৃত্বে নিরীক্ষণযোগ্য প্ল্যাটফর্ম
- **Green Innovation Lab in Schools**: ছোট বয়স থেকেই পরিবেশবান্ধব উদ্ভাবনের চর্চা
- **Cross-disciplinary Fellowship Programs**: বিজ্ঞান, আইন, সমাজবিজ্ঞান, ও প্রযুক্তির ছাত্রদের একত্রে গবেষণায় যুক্ত করা

- **Tech-for-Humanity Campaigns:** প্রযুক্তিকে মানবকল্যাণের বার্তাদানকারী হিসেবে তুলে ধরা

৬. উপসংহার

সবুজ ন্যানোপ্রযুক্তি এবং কৃত্রিম বুদ্ধিমত্তার সমন্বয় যদি নীতিনৈতিকতা, বৈশ্বিক সহযোগিতা এবং মানসম্মত শিক্ষার ভিত্তিতে গড়ে ওঠে, তাহলে তা হবে এক **পূর্ণাঙ্গ ও টেকসই উদ্ভাবন।**

প্রযুক্তি শুধু উন্নয়ন নয়, বরং **একটি ন্যায়ভিত্তিক, নিরাপদ ও মানবিক সমাজ গঠনের মাধ্যম**—এই দৃষ্টিভঙ্গি নিয়ে আমাদের এগিয়ে যেতে হবে।

# একুশতম অধ্যায়: সবুজ ন্যানোপ্রযুক্তি ও কৃত্রিম বুদ্ধিমত্তা – বাস্তব জীবনে প্রয়োগ ও বৈশ্বিক উদাহরণ

১. ভূমিকা

তাত্ত্বিক আলোচনার বাইরেও সবুজ ন্যানোপ্রযুক্তি ও কৃত্রিম বুদ্ধিমত্তা বাস্তব জীবনে অনেক ক্ষেত্রেই ইতোমধ্যেই প্রয়োগ হচ্ছে। বিশ্বের বিভিন্ন দেশে এই প্রযুক্তি ব্যবহার করে পরিবেশ রক্ষা, স্বাস্থ্যসেবা উন্নয়ন, কৃষি উৎপাদন বাড়ানো এবং দূষণ নিয়ন্ত্রণের কাজ চালানো হচ্ছে। তবে এই প্রয়োগের ক্ষেত্রে রয়েছে নানা ধরনের প্রযুক্তিগত, অর্থনৈতিক ও সামাজিক চ্যালেঞ্জ।

২. বাস্তব উদাহরণ: বিশ্বজুড়ে সবুজ ন্যানো-AI প্রয়োগ

ক. ভারতের স্মার্ট কৃষি ন্যানোপ্রজেক্ট

ভারতের কিছু রাজ্যে (যেমন মহারাষ্ট্র ও অন্ধ্র প্রদেশে) AI ভিত্তিক ন্যানোসেন্সর ও ড্রোন ব্যবহার করে জমির আর্দ্রতা, পুষ্টি ও রোগ শনাক্ত করা হচ্ছে। এতে জল ও সার ব্যবহার কমেছে ৩০% পর্যন্ত।

খ. ইউরোপের ন্যানোফিল্টার প্ল্যান্ট

ডেনমার্ক ও জার্মানির যৌথ উদ্যোগে উন্নত ন্যানোফিল্টার তৈরি হয়েছে যা পানিতে থাকা ভারী ধাতু ও রাসায়নিক দূষক সরাতে সক্ষম। AI প্রযুক্তি ব্যবহার করে এগুলোর কার্যকারিতা রিয়েল টাইমে মনিটর করা হয়।

গ. জাপানের স্বাস্থ্যসেবায় ন্যানোড্রাগ ডেলিভারি

জাপানে AI সহায়তায় তৈরি করা হয়েছে এমন ন্যানোক্যাপসুল যা ক্যান্সার কোষ শনাক্ত করে নির্দিষ্ট অংশে ওষুধ পৌঁছে দেয়। এতে পার্শ্বপ্রতিক্রিয়া হ্রাস পেয়েছে।

ঘ. আফ্রিকায় দূষণ নিয়ন্ত্রণে ন্যানো-সেন্সর

নাইজেরিয়া ও দক্ষিণ আফ্রিকায় AI-চালিত ন্যানোডিভাইস ব্যবহৃত হচ্ছে বাতাসের গুণগত মান নিরীক্ষণে। এতে শহরের বিভিন্ন এলাকায় দূষণ উৎস চিহ্নিত করে দ্রুত ব্যবস্থা নেওয়া সম্ভব হচ্ছে।

৩. চ্যালেঞ্জ: প্রযুক্তি বাস্তবায়নের পথে বাধা

ক. অর্থনৈতিক সীমাবদ্ধতা

ন্যানোউৎপাদন ও AI প্রযুক্তি ব্যবহারে প্রাথমিক খরচ অত্যন্ত বেশি। উন্নয়নশীল দেশগুলো এই কারণে অনেক সময় প্রযুক্তি গ্রহণে পিছিয়ে থাকে।

খ. মানবসম্পদের অভাব

এই প্রযুক্তি পরিচালনায় বিশেষায়িত দক্ষতা প্রয়োজন, যা সব দেশে সহজলভ্য নয়। ফলে অনেক উন্নয়নশীল দেশে প্রশিক্ষণের অভাবে প্রযুক্তি ব্যবহারে সীমাবদ্ধতা তৈরি হয়।

গ. নিয়ন্ত্রক কাঠামোর অভাব

ন্যানোম্যাটেরিয়াল ও AI প্রযুক্তির ব্যবহারে আন্তর্জাতিকভাবে অভিন্ন গাইডলাইন এখনো তৈরি হয়নি। যার ফলে নিরাপত্তা, গোপনীয়তা, এবং নৈতিকতার বিষয়গুলো সমস্যার সৃষ্টি করে।

ঘ. সামাজিক গ্রহণযোগ্যতা

নতুন প্রযুক্তি নিয়ে সাধারণ মানুষের মাঝে ভয় বা ভুল ধারণা থাকতে পারে। বিশেষ করে স্বাস্থ্য বা খাদ্যের ক্ষেত্রে মানুষ বেশি সচেতন ও সন্দেহপ্রবণ হয়।

৪. উত্তরণের পথ

ক. অবকাঠামোগত বিনিয়োগ

সরকার ও বেসরকারি খাতের যৌথ বিনিয়োগে গবেষণাগার, উৎপাদন কেন্দ্র এবং প্রশিক্ষণ প্ল্যাটফর্ম গড়ে তুলতে হবে।

খ. নীতিনির্ধারকদের সক্রিয় ভূমিকা

AI এবং সবুজ প্রযুক্তির জন্য বিশেষ আইন, নীতিমালা এবং মনিটরিং সিস্টেম তৈরি করতে হবে।

গ. বহুপাক্ষিক সহযোগিতা

জাতীয় ও আন্তর্জাতিক সংস্থাগুলোর মাধ্যমে প্রযুক্তি ও জ্ঞান বিনিময়ের প্ল্যাটফর্ম গড়ে তুলতে হবে।

ঘ. সামাজিক সচেতনতা বৃদ্ধি

শিক্ষা, গণমাধ্যম এবং জনসচেতনতামূলক কার্যক্রমের মাধ্যমে প্রযুক্তির উপকারিতা তুলে ধরতে হবে।

৫. উপসংহার

সবুজ ন্যানোপ্রযুক্তি ও কৃত্রিম বুদ্ধিমত্তা এখন শুধু ভবিষ্যতের কল্পনা নয়—এটি বাস্তবতা। বিশ্বজুড়ে নানান দেশ এই প্রযুক্তিকে ব্যবহার করছে বাস্তব সমস্যা সমাধানে। তবে সফলভাবে এই প্রযুক্তিকে বিশ্বব্যাপী বিস্তৃত করতে হলে প্রযুক্তিগত উৎকর্ষতার পাশাপাশি

সবুজ ন্যানোপ্রযুক্তি

অর্থনৈতিক সক্ষমতা, মানবসম্পদ উন্নয়ন, সামাজিক গ্রহণযোগ্যতা এবং আন্তর্জাতিক সহযোগিতাও অত্যন্ত জরুরি।

বাইশতম অধ্যায়: বাংলাদেশের প্রেক্ষাপটে সবুজ ন্যানোপ্রযুক্তি ও কৃত্রিম বুদ্ধিমত্তা

১. ভূমিকা: সম্ভাবনার নতুন দিগন্ত

বাংলাদেশ একটি জনবহুল, কৃষিনির্ভর ও জলবায়ু-সংবেদনশীল দেশ। এমন একটি দেশে সবুজ প্রযুক্তি, বিশেষ করে সবুজ ন্যানোপ্রযুক্তি ও কৃত্রিম বুদ্ধিমত্তার সমন্বয়, পরিবেশ রক্ষা, খাদ্য নিরাপত্তা, স্বাস্থ্যসেবা এবং শিল্পোন্নয়নের ক্ষেত্রে একটি **বিপ্লবী পরিবর্তন** আনতে পারে।

তবে এই পরিবর্তনের জন্য প্রয়োজন যথাযথ পরিকল্পনা, দক্ষ জনবল, এবং সময়োপযোগী বিনিয়োগ।

২. বাংলাদেশের প্রাকৃতিক ও সামাজিক বাস্তবতা

ক. কৃষি ও খাদ্য নিরাপত্তা

- বাংলাদেশে প্রায় ৪৫% মানুষ কৃষির উপর নির্ভরশীল।
- জলবায়ু পরিবর্তনের ফলে খরা, বন্যা ও লবণাক্ততা বাড়ছে।
- ন্যানোসার (nano-fertilizer), মাটি বিশ্লেষণের ন্যানো সেন্সর, ও AI ভিত্তিক আবহাওয়ার পূর্বাভাস কৃষিকে আরও টেকসই করতে পারে।

খ. পানি ও বায়ু দূষণ

- ঢাকা, নারায়ণগঞ্জ, চট্টগ্রামসহ বিভিন্ন শহরে পানি ও বায়ু দূষণ চরম পর্যায়ে।

সবুজ ন্যানোপ্রযুক্তি

- ন্যানোফিল্টার ও AI চালিত দূষণ পর্যবেক্ষণ প্রযুক্তি ব্যবহার করে জল ও বায়ু বিশুদ্ধিকরণে উল্লেখযোগ্য উন্নতি সম্ভব।

গ. স্বাস্থ্যসেবা ব্যবস্থায় সমস্যা

- গ্রামীণ এলাকায় আধুনিক চিকিৎসা সেবা অপ্রতুল।
- ন্যানোড্রাগ ডেলিভারি সিস্টেম ও AI নির্ভর টেলিমেডিসিন ব্যবহার করে দূরবর্তী এলাকায় স্বাস্থ্যসেবা পৌঁছানো সম্ভব।

৩. বাংলাদেশের বিদ্যমান উদ্যোগ ও গবেষণা

ক. শিক্ষাপ্রতিষ্ঠানের গবেষণা

- বুয়েট, ঢাকা বিশ্ববিদ্যালয়, ও RUET-এ সীমিত আকারে ন্যানোম্যাটেরিয়াল ও AI গবেষণা চলছে।
- তবে সবুজ ন্যানোপ্রযুক্তি ও AI-এর সম্মিলিত গবেষণা এখনো প্রাথমিক পর্যায়ে।

খ. সরকারের ডিজিটাল বাংলাদেশ উদ্যোগ

- "Smart Bangladesh 2041" ভিশনের আওতায় AI ভিত্তিক সেবা বৃদ্ধির পরিকল্পনা আছে।
- এই উদ্যোগের অংশ হিসেবে পরিবেশবান্ধব প্রযুক্তিকে অন্তর্ভুক্ত করা যেতে পারে।

গ. আন্তর্জাতিক সহযোগিতা

- বাংলাদেশ বেশ কিছু বিদেশি প্রকল্পে অংশ নিচ্ছে যেমন UNDP, JICA ও World Bank-এর সঙ্গে।

- সবুজ প্রযুক্তিতে যৌথ গবেষণা ও পাইলট প্রজেক্ট চালানো গেলে তা দেশের জন্য ইতিবাচক পরিবর্তন আনতে পারে।

৪. ভবিষ্যৎ সম্ভাবনা ও করণীয়

ক. সবুজ প্রযুক্তি ইনোভেশন হাব

- সরকারি-বেসরকারি অংশীদারিত্বে "Green NanoTech Innovation Hub" প্রতিষ্ঠা করে তরুণ গবেষক ও উদ্যোক্তাদের প্ল্যাটফর্ম দিতে হবে।

খ. শিক্ষা ও দক্ষতা উন্নয়ন

- প্রযুক্তি বিশ্ববিদ্যালয় ও পলিটেকনিকে ন্যানোপ্রযুক্তি ও AI ভিত্তিক টেকসই প্রযুক্তির কোর্স চালু করা যেতে পারে।

গ. নীতিনির্ধারণ ও তদারকি

- সবুজ ন্যানোউৎপাদন ও AI ব্যবহারে পরিবেশবান্ধব ও নিরাপদ ব্যবহারের গাইডলাইন তৈরি করা জরুরি।

ঘ. পরীক্ষামূলক প্রকল্প

- গ্রামাঞ্চলে কৃষি ও স্বাস্থ্যসেবায় ন্যানো-AI প্রযুক্তির পরীক্ষামূলক প্রয়োগ চালিয়ে বাস্তব ফলাফল বিশ্লেষণ করতে হবে।

৫. উপসংহার: সময় এখন, সুযোগ এখনই

বাংলাদেশের প্রেক্ষাপটে সবুজ ন্যানোপ্রযুক্তি ও কৃত্রিম বুদ্ধিমত্তার সমন্বয় যদি সঠিকভাবে পরিকল্পিত হয়, তাহলে এটি হতে পারে দেশের পরিবেশ রক্ষা ও টেকসই উন্নয়নের

চাবিকাঠি। বিশ্বের সঙ্গে তাল মিলিয়ে এগিয়ে যেতে হলে এখনই সময় এই প্রযুক্তিতে বিনিয়োগ ও গবেষণার গতি বাড়ানো।

তেইশতম অধ্যায়: কল্পিত বাংলাদেশ ২০৩৫ – সবুজ ন্যানোপ্রযুক্তির এক সম্ভাবনার ভবিষ্যৎ

১. সময়: ২০৩৫ সাল | স্থান: গাইবান্ধার একটি গ্রিন স্মার্ট গ্রাম

একটি মধ্যবিত্ত কৃষক পরিবার — হাফিজুর রহমান, তার ছেলে তানিম ও মেয়ে তানজিলা। এরা সবাই মিলে নিজেদের ফার্ম চালায়। তবে এটি কোনো সাধারণ কৃষি খামার নয়। এটি একটি **AI নিয়ন্ত্রিত সবুজ ন্যানোফার্ম**, যেখানে প্রতিটি গাছের স্বাস্থ্যের তথ্য প্রতিনিয়ত সংগ্রহ ও বিশ্লেষণ করে AI।

তানজিলা একটি মোবাইল অ্যাপে দেখে নিচ্ছে আজ সার দিতে হবে কিনা। অ্যাপে দেখা যাচ্ছে:

- ☑ মাটির নাইট্রোজেন মাত্রা ঠিক আছে।
- ⚠ একটু পটাশ বাড়ানো দরকার।
- AI অ্যালগরিদম পূর্বাভাস দিচ্ছে, দুইদিনের মধ্যে বৃষ্টি আসছে, তাই আজ কোন সার প্রয়োগের দরকার নেই।

২. প্রযুক্তির বাস্তব রূপ

ক. ন্যানো-সেন্সর যুক্ত পরিবেশ নজরদারি

গ্রামের প্রতিটি খালে বসানো হয়েছে সোলার-পাওয়ারড ন্যানো সেন্সর, যা পানির pH, দূষণমাত্রা, ও ভারী ধাতুর উপস্থিতি পর্যবেক্ষণ করে। কোন এলাকার পানিতে অস্বাভাবিকতা দেখা দিলে সাথে সাথেই স্থানীয় স্বাস্থ্যকর্মীকে সতর্ক করে।

খ. AI-চালিত স্বাস্থ্য ইউনিট

গ্রামে একটি ছোট AI মেডিকেল কিয়স্ক রয়েছে। এখানেই বায়োসেন্সর ব্যবহার করে রক্ত পরীক্ষা, রক্তচাপ, এবং প্রাথমিক রোগ নির্ণয় হয়। দূরবর্তী শহরের বিশেষজ্ঞ চিকিৎসকের সঙ্গে ভিডিও কনসাল্টেশনও করা যায়।

গ. AI + ন্যানোড্রাগ ডেলিভারি ইউনিট

বয়স্ক লোকদের জন্য ব্যবহার হচ্ছে ন্যানোক্যাপসুল-ভিত্তিক ওষুধ, যা AI-র সাহায্যে শরীরে প্রয়োজনীয় সময় ও অঙ্গকে লক্ষ্য করে ওষুধ পৌঁছে দেয়।

৩. কর্মসংস্থান ও নতুন পেশা

২০৩৫ সালে বাংলাদেশের তরুণ সমাজ আর শুধু চাকরির পেছনে দৌড়ায় না। অনেকেই **Green Nano-AI Entrepreneur**।

- কেউ ন্যানো-জৈবসার তৈরি করছে
- কেউ AI টুল দিয়ে জমি বিশ্লেষণ করছে
- আবার কেউ সবুজ শিল্পের পরিবেশ পর্যবেক্ষণ ব্যবস্থাপনায় কাজ করছে

"Green Startup Village"

সরকার ও বিশ্ববিদ্যালয়ের যৌথ উদ্যোগে গড়ে উঠেছে স্টার্টআপ ভিলেজ যেখানে গবেষণা, ব্যবসা এবং জনসেবার সমন্বয় ঘটছে।

৪. টেকসই শহর ও গ্রাম

ক. স্মার্ট শহর

ঢাকার ট্রাফিক এখন AI পরিচালিত। প্রতিটি রাস্তা, ফ্লাইওভার, ও পাবলিক স্পেসে বসানো রয়েছে ন্যানোম্যাটেরিয়াল দ্বারা তৈরি শক্তিশালী, কম-দূষণকারী স্ট্রাকচার।

খ. কার্বন-নেগেটিভ গ্রাম

গ্রামের বাসিন্দারা এখন সৌরশক্তি, বায়োগ্যাস ও পুনর্ব্যবহারযোগ্য ন্যানো-উপকরণ ব্যবহার করে এমন একটি সমাজ গড়েছে, যার কার্বন নিঃসরণ শূন্যের কাছাকাছি।

৫. নৈতিকতা ও প্রযুক্তি একসাথে

সবার জীবনেই প্রযুক্তি এখন সহচর—তবে দখলদার নয়।

- AI সিদ্ধান্ত নিলেও, চূড়ান্ত মতামত মানুষের
- প্রযুক্তি পরিবেশ রক্ষা করে, কিন্তু মানুষকে প্রতিস্থাপন করে না
- সবকিছু স্বচ্ছ, নিরাপদ এবং জনসাধারণের কাছে গ্রহণযোগ্য

৬. উপসংহার: কল্পনা নয়, প্রস্তুতির সময় এখন

এই দৃশ্যপট হয়তো এখন কল্পনার মতো শোনায়, কিন্তু এটি অসম্ভব নয়।

- গবেষণা
- শিক্ষায় উদ্ভাবন
- নীতিগত সমন্বয়
- আন্তর্জাতিক সহযোগিতা

এই চারটি শক্তিকে যদি আজ থেকেই আমরা কার্যকর করি, তাহলে ২০৩৫ সালের বাংলাদেশ হবে সবুজ প্রযুক্তির এক উজ্জ্বল বাতিঘর।

শেষ অধ্যায়: সবুজ ন্যানোপ্রযুক্তি: ভবিষ্যত ও সম্ভাবনা

১ ভূমিকা

সবুজ ন্যানোপ্রযুক্তি আধুনিক যুগের সবচেয়ে উদ্ভাবনী এবং পরিবেশ বান্ধব প্রযুক্তি হিসেবে আবির্ভূত হয়েছে। এই প্রযুক্তি শুধু পরিবেশ রক্ষা করতে সহায়তা করে না, বরং এর মাধ্যমে মানবজাতির জন্য একটি টেকসই ও উন্নত ভবিষ্যত নিশ্চিত করা সম্ভব। আজকের পৃথিবী যখন পরিবেশগত সংকট, জলবায়ু পরিবর্তন, এবং প্রাকৃতিক সম্পদের অভাবের মুখোমুখি, তখন সবুজ ন্যানোপ্রযুক্তি একটি সমাধান হিসেবে উপস্থিত হয়েছে। এই অধ্যায়ে আমরা আলোচনা করব সবুজ ন্যানোপ্রযুক্তির ভবিষ্যত সম্ভাবনা, তার বাস্তবায়ন এবং এর মাধ্যমে আগামী পৃথিবীর উন্নয়ন কেমন হতে পারে।

২ সবুজ ন্যানোপ্রযুক্তির ভবিষ্যত

ন্যানোপ্রযুক্তি, বিশেষ করে সবুজ ন্যানোপ্রযুক্তি, আগামী দশকগুলিতে পৃথিবীজুড়ে একটি বিপ্লব তৈরি করতে সক্ষম হবে। এই প্রযুক্তির মাধ্যমে আমরা এমন এক যুগে প্রবেশ করতে যাচ্ছি যেখানে পরিবেশগত সমস্যা আর শুধু সমস্যা থাকবে না, তার সমাধানও পাওয়া যাবে। এর প্রধান ভবিষ্যত সম্ভাবনা নিম্নলিখিত:

১. টেকসই শক্তি উৎপাদন: সবুজ ন্যানোপ্রযুক্তির সাহায্যে শক্তির উৎপাদন আরও টেকসই এবং পরিবেশবান্ধব হতে চলেছে। সোলার প্যানেল, উইন্ড টারবাইন, এবং অন্যান্য নবায়নযোগ্য শক্তি প্রযুক্তি আরও কার্যকরী হবে ন্যানোস্কেল উপকরণের সাহায্যে। বিশেষত, সোলার প্যানেলগুলোর দক্ষতা বৃদ্ধি এবং কম খরচে শক্তি উৎপাদনের সম্ভাবনা রয়েছে।

২. পানি পরিশোধন ও দূষণ নিয়ন্ত্রণ: সবুজ ন্যানোপ্রযুক্তির সাহায্যে বিশ্বের বিভিন্ন অংশে নিরাপদ পানি সরবরাহ করা সম্ভব হবে। এটি বিশেষ করে জলবায়ু পরিবর্তনজনিত কারণে পানির সংকট এবং দূষণের সম্মুখীন অঞ্চলগুলোতে গুরুত্বপূর্ণ ভূমিকা রাখবে।

সবুজ ন্যানোপ্রযুক্তি

ন্যানোফিল্টার এবং ন্যানোপ্রযুক্তি ব্যবহার করে পানি থেকে রাসায়নিক, জীবাণু এবং অযাচিত উপাদান দূর করা সম্ভব হবে।

৩. বর্জ্য ব্যবস্থাপনা: ন্যানোপ্রযুক্তির উন্নত প্রক্রিয়া বর্জ্য ব্যবস্থাপনার ক্ষেত্রেও বিপ্লব আনবে। বিশেষ করে, ইলেকট্রনিক বর্জ্য, প্লাস্টিক বর্জ্য, এবং অন্যান্য কঠিন বর্জ্য পুনর্ব্যবহারযোগ্য হতে পারে। এটি পরিবেশে প্লাস্টিক ও অন্যান্য দূষণের পরিমাণ কমাতে সহায়ক হবে।

৩ সবুজ ন্যানোপ্রযুক্তি: সামাজিক ও অর্থনৈতিক প্রভাব

সবুজ ন্যানোপ্রযুক্তি কেবল পরিবেশগতভাবে গুরুত্বপূর্ণ নয়, এটি সমাজ এবং অর্থনীতিতেও ব্যাপক প্রভাব ফেলবে। এটির মাধ্যমে নতুন শিল্প এবং কর্মসংস্থান তৈরি হবে। উদাহরণস্বরূপ, পরিবেশবান্ধব উৎপাদন প্রক্রিয়া, নবায়নযোগ্য শক্তি প্রযুক্তি, এবং পুনর্ব্যবহারযোগ্য উপকরণের ব্যবহারে শিল্পখাতে বিপুল পরিমাণে বিনিয়োগ হবে। এর ফলে, কর্মসংস্থান সৃষ্টি এবং অর্থনৈতিক প্রবৃদ্ধি ঘটবে।

১. নতুন শিল্পের বিকাশ: সবুজ ন্যানোপ্রযুক্তি নবায়নযোগ্য শক্তি, পরিবেশবান্ধব পণ্য এবং সবুজ নির্মাণ শিল্পের বিকাশে সহায়ক হবে। ন্যানোফটোনিক্স, সোলার প্যানেল, এবং ন্যানো-ম্যাটেরিয়ালসের উন্নয়ন নতুন প্রযুক্তিগত ক্ষেত্র সৃষ্টি করবে।

২. কর্মসংস্থান বৃদ্ধি: সবুজ ন্যানোপ্রযুক্তি নতুন ধরনের পেশা এবং শিল্পে কর্মসংস্থান সৃষ্টি করবে। যেমন, ন্যানোমেডিসিন, পরিবেশগত নিরাপত্তা, এবং পুনঃব্যবহারযোগ্য উপকরণের উন্নয়ন ক্ষেত্রগুলোতে মানুষের কর্মসংস্থান হবে।

৩. অর্থনৈতিক প্রবৃদ্ধি: সবুজ প্রযুক্তি ও ন্যানোপ্রযুক্তি সঠিকভাবে কাজে লাগালে বৈশ্বিক অর্থনীতিতে গুরুত্বপূর্ণ অবদান রাখতে পারে। এর মাধ্যমে পরিবেশ বান্ধব প্রযুক্তির চাহিদা বৃদ্ধি পাবে এবং আন্তর্জাতিক বাণিজ্যিক ক্ষেত্রে নতুন দিগন্ত খুলে যাবে।

৪ প্রযুক্তিগত চ্যালেঞ্জ এবং ভবিষ্যতের দৃষ্টিভঙ্গি

সবুজ ন্যানোপ্রযুক্তি

যতটা সম্ভব সবুজ ন্যানোপ্রযুক্তি গুরুত্বপূর্ণ ভূমিকা পালন করতে পারে, ততটা কিছু প্রযুক্তিগত চ্যালেঞ্জও রয়েছে। তবে এই চ্যালেঞ্জগুলো মোকাবিলার জন্য গবেষণা এবং উন্নয়ন অব্যাহত থাকতে হবে। কিছু গুরুত্বপূর্ণ চ্যালেঞ্জ হলো:

১. উচ্চ উৎপাদন খরচ: সবুজ ন্যানোপ্রযুক্তির উৎপাদন খরচ অনেক সময় উচ্চ হতে পারে, যা এর ব্যাপক ব্যবহারে বাধা সৃষ্টি করতে পারে। তবে, প্রযুক্তির উন্নতি এবং স্কেলিংয়ের মাধ্যমে উৎপাদন খরচ কমানো সম্ভব।

২. পরিবেশে দীর্ঘমেয়াদী প্রভাব: ন্যানোউপকরণের পরিবেশে দীর্ঘমেয়াদী প্রভাব সম্পর্কে সঠিক গবেষণা এবং নীতিমালা দরকার। যদিও সবুজ ন্যানোপ্রযুক্তি পরিবেশবান্ধব, তবুও এর দীর্ঘমেয়াদী প্রভাব সম্পর্কে আরও পরীক্ষা-নিরীক্ষা প্রয়োজন।

৫ উপসংহার

সবুজ ন্যানোপ্রযুক্তি পৃথিবীকে একটি টেকসই এবং পরিবেশবান্ধব ভবিষ্যতের দিকে এগিয়ে নিতে একটি গুরুত্বপূর্ণ পদক্ষেপ হিসেবে কাজ করছে। এর মাধ্যমে আমরা পরিবেশ রক্ষা, শক্তি সঞ্চয়, পানি পরিশোধন, বর্জ্য ব্যবস্থাপনা, এবং বিভিন্ন পরিবেশগত সমস্যার সমাধান করতে সক্ষম হবো। যদিও কিছু চ্যালেঞ্জ রয়েছে, তবে সঠিক গবেষণা, নীতি এবং প্রযুক্তিগত উন্নতির মাধ্যমে সবুজ ন্যানোপ্রযুক্তির সম্ভাবনা পূর্ণমাত্রায় বাস্তবায়ন করা সম্ভব। এই প্রযুক্তি মানবজাতির জন্য এক উজ্জ্বল এবং সবুজ ভবিষ্যত নিশ্চিত করবে।

এটাই আমাদের সময়!

www.ingramcontent.com/pod-product-compliance
Lightning Source LLC
Chambersburg PA
CBHW020109240426
43661CB00002B/91
* 9 7 8 1 7 3 8 2 6 9 1 7 4 *